CAMPO 1972

LA FAMILLE JOUFFROY.

3977

A LA MÊME LIBRAIRIE :

LES ÉTUVISTES
PAR CH. PAUL DE KOCK.
4 vol. in-18. — 14 francs.

—

LE NEUF DE PIQUE
PAR Mme LA COMTESSE D'ASH.
4 vol. in-18. — 14 francs.

—

UN
GENTILHOMME DE GRAND CHEMIN
PAR XAVIER DE MONTÉPIN.
3 vol. in-18. — 10 francs 50.

—

UN
MONSIEUR TRÈS TOURMENTÉ
PAR CH. PAUL DE KOCK.
1 vol. in-18. — 3 francs 50.

—

LES VALETS DE COEUR
PAR XAVIER DE MONTÉPIN.
2 vol. in-18. — 7 francs.

—

MADEMOISELLE DE CARDONNE
PAR A. DE GONDRECOURT.
2 vol. in-18. — 7 francs.

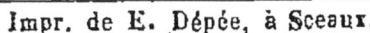
Impr. de E. Dépée, à Sceaux.

LA
FAMILLE JOUFFROY

PAR

EUGÈNE SUE.

2

PARIS
ALEXANDRE CADOT, ÉDITEUR,
37, RUE SERPENTE.

1854

XXXVIII

Fortuné Sauval rentra chez lui, laissant dans l'atelier le père Laurencin et la femme vêtue de noir.

Elle releva brusquement son voile.

C'était Catherine de Morlac.

Le vieillard, en reconnaissant cette femme, courut à la porte de la chambre où se trouvait Michel, ferma la serrure à double tour et mit la clef dans sa poche.

Madame de Morlac, d'une pâleur mortelle, les joues sillonnées de larmes récentes, la figure bouleversée, remarqua le mouvement du vieil artisan et son empressement à fermer à clef la porte d'une chambre voisine de l'atelier. Elle remarqua aussi qu'il se dirigeait ensuite vers la fenêtre ; il s'en rapprochait à dessein, cet endroit étant assez éloigné de la chambre de Michel pour que celui-ci ne pût entendre un mot de l'entretien de son grand père et de Catherine.

Elle suivit le vieillard jusqu'auprès de la croisée, et dit d'une voix à la fois contenue et altérée :

— Monsieur, vous vous appelez Laurencin?

— Oui.

— L'enfant, — et la voix de madame de Morlac trembla légèrement, — l'enfant qui vous accompagnait chez moi, ce matin, est... votre petit-fils?

— Qui êtes-vous, madame, pour m'interroger ? — reprit le vieillard, dominant à peine son indignation, — je n'ai pas à vous répondre !

— L'enfant, qui ce matin vous accompagnait chez moi est votre petit-fils...; sa mère existe.

— Quoi ! cette misérable existe encore ?

— Monsieur...

— Elle existe encore cette infâme qui a fait mourir mon fils de chagrin ! ah ! le ciel n'est pas juste.

— Monsieur, elle a pu avoir des torts, des torts graves ; son extrême jeunesse, pourrait... sinon les justifier... du moins, peut-être... les excuser.

— De sorte qu'après avoir déshonoré son mari et avoir abandonné son enfant, elle s'est repentie ? — reprit le vieillard en attachant un regard terrible sur madame de Morlac. — De sorte qu'elle s'est amendée ? Elle est devenue honnête femme

— Monsieur, je... je... ne sais.

— Je le sais, moi ! Catherine Vandaël, après avoir été adultère, a continué de vivre dans la débauche, dans l'ignominie, elle est à cette heure courtisanne et prend le nom de : Madame de Morlac !

A ces paroles écrasantes, Catherine pâlit davantage; elle fut obligée de s'appuyer au rebord de l'établi, afin de ne pas défaillir, puis, espérant imposer au vieillard, elle reprit d'une voix résolue;

— Je viens chercher mon fils !

— Malheureuse !

— Ces injures...

— Votre fils...

— Je suis sa mère, je ferai valoir mes droits.

— Vos droits ? quelle audace !... Vous auriez le droit d'emmener votre fils dans votre maison où vous vous vendez pour de l'argent !

— Mon Dieu !... oh ! mon Dieu !

— Vos droits ? osez donc les faire valoir en justice ? Essayez donc de m'enlever votre fils, élevé par moi dans le travail et l'honnêteté. Exigez donc qu'il aille vivre chez vous pour y manger le pain de votre prostitution présente ou passée !

— Grâce, mon fils est là ! — murmura Catherine éperdue de honte, d'épouvante, en tombant aux genoux du vieillard ; et de nouveau, elle murmura d'une voix basse et entrecoupée :

— Grâce, grâce, mon fils peut nous entendre !

— Vous n'avez plus de fils, vous l'avez abandonné à sa naissance... Il est mort pour vous, vous êtes morte pour lui !

— Oh! parlez plus bas, je vous en supplie à genoux, — reprit madame de Morlac en joignant les mains et les élevant vers le père Laurencin, — si vous saviez ce que, ce matin, j'ai ressenti à la vue de cet enfant! lorsque, frappée de sa ressemblance avec moi, et me rappelant quelques-unes de vos paroles...

— Malheureuse! ces paroles vous apprenaient la mort de mon fils! vous êtes restée impassible, le regard sec!

— C'est vrai...

— Elle l'avoue, mon Dieu! elle l'avoue...

— J'avoue le mal, afin que vous croyiez le bien.

— Le bien! une bonne pensée dans votre âme! croyez-vous me duper comme ceux que vous ruinez? c'est trop d'effronterie, sortez!

— Monsieur, par pitié...

— Sortez! — s'écria le vieillard, hors de lui, en élevant la voix, — sortez d'ici!

— Grand-père, qu'y a-t-il donc? — demanda soudain Michel, à travers la porte,

— vous parlez d'un ton fâché, est-ce que l'on vous menace?

L'apprenti, essayant d'ouvrir la porte, s'aperçut qu'elle était fermée en dehors.

— Grand-père! — ajouta-t-il, — je suis enfermé.

— Il n'a rien entendu! il ne sait rien encore! — dit Catherine, avec un élan de bonheur et d'espérance indicible. — Merci, mon Dieu, merci!

L'accent, l'invocation de cette femme, ses yeux noyés de pleurs, ses traits livides, contractés par le désespoir, témoignaient en ce moment d'une douleur si profonde, de remords si sincères, que le père Laurencin en fut frappé, malgré l'horreur que lui inspirait madame de Morlac. Il alla vers la chambre où était enfermé son petit-fils, et lui dit à travers la porte :

— Ne t'inquiète pas, je vais aller tout à l'heure te rejoindre...

Catherine se relevant s'assit sur une chaise et fondit en larmes.

Le vieil artisan, lorsqu'il revint près d'elle, la contempla en silence et se sentit quelque peu appitoyé, mais il se révolta contre cette faiblesse.

— Ah! — pensait-il, — c'étaient des larmes de sang que versait mon fils, lorsqu'il est mort entre mes bras, après son long martyre.

— Monsieur, — reprit la courtisane d'une voix basse et palpitante, — quelle que soit l'ignominie où elle est tombée, une mère est toujours une mère... Je le sens.

— Ne parlez pas du sentiment maternel, vous le profanez!

— Vous pouvez me traiter ainsi, vous pouvez m'accuser de mensonge, vous pouvez me crosser du pied, comme une femme perdue; mais, mon Dieu! vous ne pouvez pas m'empêcher de me sentir mère, moi! depuis que j'ai revu mon enfant!

Ce dernier cri, parti du fond des entrailles maternelles, ce cri, d'une sincérité déchirante, émut le vieillard; mais, se reprochant de nouveau sa faiblesse :

— Vous mentez! vous mentez!... Une mère, qui se sent mère, n'abandonne pas son mari et son enfant après un an de mariage.

— Monsieur, par pitié, écoutez-moi... Je vous le jure, je ne mens pas ! Non ! Si invraisemblable qu'elle vous paraisse, je vous dis la vérité ! Tout-à-l'heure, je m'écriais : J'avoue le mal, afin que vous croyiez au bien ; vous ne m'avez pas laissé achever. Hé bien ! oui, à seize ans, j'ai trahi mes devoirs d'épouse, de mère ; oui, j'ai abandonné froidement mon mari, mon enfant ;... oui, jetée, depuis lors, dans le désordre par ma première faute, je suis devenue courtisanne ! Oui, dans ce commerce horrible, mon cœur s'est endurci, dépravé ; oui, sans pitié pour les hommes que je ruinais, je n'avais qu'un but : m'enrichir, afin de sortir un jour de cette fange. Ce but, je l'ai atteint ; maintenant, je suis riche.

— Riche de honte et d'infamie !

— C'est vrai. Je me mets aussi bas que possible ; je ne marchande pas mon ignominie. Je vais plus loin :... Oui, ce matin, en apprenant de vous la mort de votre fils que j'avais trahi, abandonné, en lui laissant notre enfant, mon cœur est resté froid. Vous le voyez, je ne veux rien atténuer ; j'avoue tout. Cependant, comment se fait-il que quelques instants après, frappée de la ressemblance extraordinaire qui existait entre votre petit-fils et moi ; soudain, éclairée par le souvenir de vos paroles, mon émotion a été si violente, si profonde, que j'ai perdu connaissance au moment où vous emmeniez mon fils...

A un mouvement du vieillard, Catherine s'interrompit, et reprit avec une résignation navrante :

— Hé bien ! non... pardon !... puisque cela vous blesse, je ne dirai plus : Mon fils ! je dirai votre petit-fils... Mais enfin, vous en avez été témoin, je me suis trouvée mal, ce n'était pas un mensonge, une ruse, cela !

— Qui sait ?

— Mon Dieu !...

— On vous dit si rouée !... pour parler votre langage.

— Je mérite tous les soupçons, toutes les injures. Mais pourquoi aurais-je feint de me trouver mal à la vue de mon... de cet enfant ?

— Peut-être, dans un but que j'ignore,

vouliez-vous, par cette odieuse comédie, tromper l'homme avec qui vous vivez maintenant, et obtenir de lui quelque chose,

Et le vieillard se dit :

— Et c'est à un pareil homme que M. Fortuné est sacrifié !

— Ce soupçon est affreux ! — reprit la courtisane en dévorant ses larmes, — et cependant, je vous jure...

Mais se reprenant :

— Non... Que prouverait le serment d'une femme comme moi. Enfin, je songeais alors si peu à M. de Villetaneuse, que, le retrouvant près de moi, lorsque j'ai repris connaissance, sa présence m'a été insupportable ; sans vouloir entendre ses paroles, répondre à ses questions, je l'ai renvoyé de chez moi, d'où il est sorti très irrité, me jurant que, de ma vie, je ne le reverrais... peu m'importait. Je voulais être seule pour réfléchir, pour me livrer à un sentiment si nouveau pour moi, éveillé par la rencontre inattendue de cet enfant. A mesure que ce sentiment pénétrait mon cœur, je me sentais redevenir mère,... mon

Dieu ! vous allez encore me dire que je mens ! vous allez me répondre qu'avant d'avoir revu mon fils, j'étais mère aussi, et que, pourtant, je l'avais abandonné, c'est vrai !... Qu'ignorante de son sort, je n'avais pris de lui aucun souci, c'est encore vrai !... Vous le voyez, je ne cherche pas à excuser mes fautes, mon crime passé. Croyez-moi donc, au nom du ciel, lorsque je vous jure que je reviens à des sentiments meilleurs... On n'a jamais blâmé, repoussé le repentir !

— Non... quand il est sincère.

— Mon Dieu, mon Dieu, mais encore une fois, pourquoi voulez-vous que je mente !

— Non, il n'est pas possible qu'après être restée quinze ans indifférente au sort de votre enfant, vous ressentiez soudain pour lui de la tendresse ! non, c'est impossible !

— Impossible !!! mais songez donc... que... ah ! c'est affreux... ce que je vais vous avouer.

Et après un moment de silence.

— Que risquai-je ? Vous avez déjà de moi une telle opinion, que je ne saurais l'empirer ! hé bien... quand j'ai abandonné cet enfant, il était en nourrice. Je l'avais à peine vu, et je vous l'ai dit, c'est affreux, mais c'est vrai ; je ne ressentais rien pour lui... je m'en suis séparée sans regret; comment se fait-il donc qu'aujourd'hui le revoyant dans son adolescence avec sa charmante figure, son air doux et timide; vêtu de sa blouse d'ouvrier qui annonce assez sa vie laborieuse et rude ; oui, comment se fait-il que je me sente tout à coup redevenue mère ! capable de tous les sacrifices, de tous les dévouements pour me rapprocher de mon enfant? Et je m'en rapprocherai, entendez-vous ? Oui, — ajouta la courtisanne avec résolution, — quoi que vous fassiez, je reprendrai mon fils, car il m'aime !

— Lui...

— Avant le retour de M. Sauval... j'étais là... derrière cette porte..., hésitant à entrer... J'ai entendu la voix de Michel, j'ai écouté, il vous parlait de sa mère, il vous disait combien il l'aurait aimée... son cœur filial vibrait à chacune de ses paroles. Oh!.. quelles délicieuses larmes j'ai versées, je me sentais absoute, pardonnée par la tendresse de mon fils!... et lorsqu'il m'absout, lorsqu'il me pardonne, vous vous mettriez entre lui et moi? vous voudriez me l'enlever? Je vous en défie! oui je vous en défie... Hé, je suis par trop stupide aussi de tant vous supplier!...

Puis, se dirigeant vers la porte :

— Mon fils est là, prenez garde! puisque vous refusez de me le rendre, j'élève la voix, je lui crie à travers cette porte; je suis ta mère,... et malgré vous, son cœur me répondra...

— Vous auriez cette audace!

Madame de Morlac, pour toute réponse, bravant le vieillard, se dirigea vers la chambre, mais il la saisit par le bras et lui dit à mi-voix :

— Si vous apprenez à Michel que vous êtes sa mère,... moi je lui révèle, devant vous, votre vie infâme!

— Grand Dieu! — murmura la courtisanne, écrasée sous cette terrible menace.

— Ah! c'est trop souffrir, c'est trop!

Et brisée, elle se laissa tomber sur un

siége à sa portée, puis affaissée, repliée sur elle-même, elle mordit son mouchoir pour étouffer le bruit de ses sanglots convulsifs.

XXXIX

Le père Laurencin, après un moment de silence, regagna le fond de l'atelier d'où l'on ne pouvait entendre la suite de son entretien avec madame de Morlac et lui dit à demi-voix :

— Rapprochez-vous, terminons cette conversation ; vous ne pouvez rester ici plus longtemps.

Catherine se leva chancelante, et se sentant à jamais dominée par le vieil artisan, elle revint à quelques pas de lui, et reprit d'une voix faible, comme si elle eût craint d'entendre ses propres paroles :

— Menacer une mère de la déshonorer aux yeux de son enfant... ah ! c'est épouvantable !

— Votre infamie a causé la mort de mon fils !

— Vengez-le donc ! ma vie, mon avenir sont entre vos mains. Car je le sens, je ne vis plus que par mon fils ; qu'exigez-vous de moi ?

— Sortez d'ici, et n'y revenez jamais.

— Mais mon fils...

— Je vous l'ai dit : il est mort pour vous, vous êtes morte pour lui !

— Quoi, pas même l'espérance !

— Non.

— Ah ! vous êtes impitoyable !

— Avez-vous eu pitié de mon fils ?

— Hélas ! ayez pour moi la pitié dont j'ai manqué pour lui ! vous m'accusez et vous m'imitez !

— Je suis juste, je punis le crime !

— Monsieur, vous êtes inflexible envers moi, mais votre cœur est bon, tout le prouve ; votre tendresse pour votre fils, les soins que dans votre pauvreté vous avez pris de Michel ; mon repentir doit vous toucher, que voulez-vous que je devienne... que je fasse ? sachant mon enfant près de moi, dans cette ville, et me voir pour toujours séparée de lui ?

— N'ayez pas plus de souci de lui, que vous n'en avez eu jusqu'ici ; son sort est assuré, je l'ai élevé en honnête homme, je lui ai donné un état. Il est laborieux, il gagnera honnêtement, courageusement son pain.

— Gâgner son pain... mais je suis riche moi! et je ne veux pas que mon fils...

La courtisanne s'interrompit à un brusque mouvement du vieil artisan, mais celui-ci se contraignant lui dit :

— Poursuivez.

— Tout ce que je possède au monde appartient à mon fils, ma fortune est telle qu'il n'a pas besoin de son état pour vivre

A un mouvement du père Laurencin, mouvement dont elle ne comprit pas la signification, Catherine s'empressa d'ajouter :

— Mon Dieu! vous m'avez déclaré que je ne verrais plus Michel, mais vous ne pouvez m'empêcher d'espérer malgré vous en votre pitié? de compter sur la sincérité de mon repentir qui peut-être un jour vous apitoyera ? en attendant ce jour, souffrez du moins que je pourvoie aux besoins de mon fils : il a quinze ans, il est encore d'un âge à entrer dans ces pensions d'où l'on sort pour parcourir de brillantes carrières ; j'aurais pour lui tant d'ambition ! Je ferais avec tant de joie les dépenses nécessaires à lui donner une excellente éducation ! il aurait un précepteur en chambre, tous les maîtres imaginables. Heureusement doué comme il l'est, il profiterait si bien de leurs leçons ! Monsieur, mon désir est louable, vous ne pouvez me refuser, du moins, la consolation de procurer à Michel tous les moyens de devenir un homme distingué ?... vous ne me répondez pas ?

—Je vous écoute, achevez... n'avez-vous pas d'autres projets ?

—Que vous dirai-je, — reprit la courtisanne encouragée par le silence du père Laurencin, silence où elle voyait une adhésion tacite à ses espérances. — Si un jour mon fils, ayant acquis une position honorable, songeait à se marier, trouvait une jeune personne qui lui plût, et fut digne de lui...

— Vous le doteriez sans doute?

— Oh! à lui tout ce que je possède, tout! je me réserverais seulement le plus strict nécessaire ; et...

— Dites-moi? — reprit le vieillard avec un flegme effrayant en interrompant la courtisanne, — cet argent que vous destinez à l'éducation de votre fils? cet argent dont vous voulez le doter, après lui avoir assuré une position honorable... cet argent... comment l'avez-vous gagné?

A cette question terrible, implacable, la courtisane resta muette de stupeur et de honte.

Le vieil artisan poursuivit avec une ironie contenue, mais sanglante :

— De sorte, que votre fils devrait son éducation, sa carrière, sa dot, le bien-être de sa femme et de ses enfants,... au gain de vos prostitutions!!

Mais, ne pouvant plus maîtriser son indignation, bien qu'il modérât l'éclat de sa voix afin de n'être pas entendu par Michel, le vieillard ajouta :

— Sortez! sortez... votre repentir m'avait malgré moi un moment touché; je croyais à vos sentiments maternels, vous mentiez...

— Monsieur... par pitié...

— Vous mentiez! Quoi! vous osez dire que vous aimez votre enfant, et vous voulez le rendre complice de votre infamie en en partageant les profits avec lui?

— Mon Dieu! — murmura la courtisanne avec désespoir, — mais il aurait tout ignoré...

— Et vous? auriez-vous ignoré que votre fils, à son insu, vivait des fruits de votre honte?

A ces paroles accablantes, Catherine répondit par un sourd gémissement et cacha son visage dans son mouchoir.

Au même instant, Fortuné Sauval ouvrit la porte de sa chambre et parut au seuil de l'atelier, croyant trouver seul le père Laurencin; mais celui-ci frappé d'une idée subite à la vue de son patron, le supplia du geste de rentrer chez lui, ce qu'il fit.

La courtisanne, entendant ouvrir une porte, avait brusquement rabattu son voile, afin de cacher sa pâleur et ses larmes, elle n'aperçut donc pas le jeune orfèvre, qui parut et disparut presque instantanément, tandis que le père Laurencin, de plus en plus préoccupé de la pensée que venait de lui suggérer la présence de son patron, gardait un silence méditatif.

— Monsieur, — lui dit madame de Morlac d'une voix altérée, — mes forces sont à bout... ce que j'ai souffert depuis que je suis ici est horrible... il ne me reste aucune espérance... je ne m'abuse pas. En vain je m'adresserais à la justice pour réclamer mon enfant, l'indignité de ma vie s'opposerait à ce qu'il me fût rendu ; enfin, en lui révélant qui je suis... vous pouvez lui inspirer pour moi une horreur invincible ; un moment j'avais cru épurer la source de mes richesses, en les consacrant à Michel, vous m'avez anéantie par ces terribles paroles : *Comment avez-vous gagné cet argent...* Je le reconnais, mon fils ne pourrait, sans souillure, profiter d'une obole de mes biens... et pourtant je l'aime passionnément ! Vous me diriez de sacrifier à ce moment ma triste vie pour lui, je la sacrifierais avec ivresse... de ce sacrifice, du moins, mon enfant n'aurait pas à rougir... Mon Dieu! serez-vous donc sans pitié! toujours sans pitié! Si vous doutez encore de ma tendresse maternelle, éprouvez-moi? Ordonnez? que faut-il faire? j'obéirai... Laissez-moi un espoir, si vague, si lointain qu'il soit, mais que du moins je puisse espérer... L'on n'a jamais refusé l'espérance à ceux qui se repentent!!

Et de nouveau Catherine étouffa ses sanglots dans son mouchoir.

— Écoutez, — reprit le père Laurencin, — je crois à votre repentir; je crois qu'à la vue de votre fils, pauvre enfant, si digne d'être aimé... votre cœur de mère s'est réveillé...

— Merci... oh merci, de croire cela! — murmura la courtisanne avec ravissement et tombant à genoux devant le vieillard, elle saisit malgré lui ses mains qu'elle baisa en pleurant... l'émotion le gagna, et aidant Catherine à se relever, il lui dit d'une voix moins sévère :

— Vous m'avez rendu depuis quinze ans le plus malheureux des hommes! il ne s'est pas passé un jour sans que j'aie pleuré mon fils, j'ignore si je pourrai jamais oublier le mal que vous lui avez fait, mais enfin, parlons du présent, vous rendre Michel, c'est impossible.

— Je le sais, mon Dieu ! Je le sais... je ne demande pas cela.

— Vous me disiez tout-à-l'heure : ordonnez ! Que faut-il faire pour vous prouver ma tendresse à l'égard de mon fils ?

— Oh ! parlez, parlez !!

— Vous devez une profonde reconnaissance à ceux qui se sont intéressés à lui.

— Pourriez-vous en douter ! Ne vous ai-je pas dit que vous...

— Il ne s'agit pas de moi. Je n'ai pas seul concouru à l'éducation de Michel ! A le rendre ce qu'il est devenu : laborieux, doux, modeste, appliqué, déjà savant dans son métier. Mon patron, M. Fortuné Sauval, l'a aimé, instruit, dirigé, ainsi qu'il eût fait pour son enfant.

— Oh ! la reconnaissance de toute ma vie est acquise à cet homme généreux.

— Si je pouvais vous croire...

— Oh! de grâce, de grâce, mettez-moi à l'épreuve.

— Vous vivez avec M. de Villetaneuse?

— Oui, — répondit la courtisanne, en rougissant pour la première fois de honte à la pensée de cette liaison, — oui, mais je vous jure que désormais...

— Vous avez un très-grand empire sur M. de Villetaneuse?

— Mon empire sur lui était absolu.

— Il va se marier.

— Lui...

— Oui.

— C'est impossible... je le saurais.

— Je vous le répète il va se marier.

— Non, non, car je...

Mais s'interrompant et réfléchissant :

— J'oubliais que ce matin, lorsque j'ai eu repris connaissance, après votre départ de chez moi, M. de Villetaneuse m'a dit qu'il avait une chose très-importante à me confier; mais toute à la pensée de Michel, je n'ai voulu rien entendre, et j'ai renvoyé M. de Villetaneuse de chez moi. Sans doute il voulait m'instruire de son mariage, soit, qu'il se marie, peu m'importe à présent, je ne veux vivre que pour mon fils!

— Il ne faut pas que M. de Villetaneuse se marie.

— Que dites-vous?

— Il faut, qu'usant de votre empire absolu sur lui, vous empêchiez ce mariage.

— Moi!

— Ecoutez: M. Fortuné Sauval qui a tant fait pour Michel, aime passionnément sa cousine, mademoiselle Jouffroy.

— Mademoiselle Jouffroy? — reprit Catherine en tressaillant à ce nom, puis se parlant à elle-même.

— Il y a tant de Jouffroy, mais cependant...

Et elle reprit tout haut:

— Le père de mademoiselle Jouffroy avait-il un frère?

— Oui, — reprit amèrement le vieillard, — ce frère, M. Laurent Jouffroy, était votre parrain, c'est lui qui a conseillé à mon pauvre fils de vous épouser.

— Grand Dieu!

— Qu'avez-vous ?

— Mademoiselle Jouffroy serait la nièce...

— De votre parrain.

— Il n'était pas mon parrain.

— Comment ?

— C'était mon père !

— Lui ! — s'écria le vieil artisan en joignant les mains, frappé de stupeur, — lui...

— Il avait séduit et abandonné ma mère... Cette première faute l'a conduite au désordre, à la honte... Jugez quels enseignements j'ai reçus dans ma première jeunesse.

— Ainsi, vous appartenez à la famille Jouffroy ? Mon Dieu ! quelle honte pour elle !

— Cette honte, elle l'ignore, elle l'ignorera toujours, si vous me gardez le secret ; vous seul le savez.

— Quelle révélation ! j'en tremble encore !

— En deux mots j'ai fini sur ce triste sujet. Mon père, M. Laurent Jouffroy, voyageait à l'étranger pour le commerce ; de temps à autre, il nous visitait, ma mère et moi, quand il venait en Belgique ; il nous donnait quelques secours ; il passa d'abord, à mes yeux, pour mon parrain ; plus tard, ma mère m'apprit qu'il était mon père. J'avais quinze ans et demi, lorsqu'il trouva une position avantageuse pour votre fils, dans une maison de bijouterie de Bruxelles.

— Oui... Ce fut à la recommandation de M. Fortuné ; mon pauvre fils voulait absolument voir un peu de pays, et M. Laurent Jouffroy, voyageur de commerce, nous avait offert ses services. Ah ! maudit soit le jour où je les ai acceptés !

— Votre fils nous fut présenté par mon prétendu parrain. Ce que je vous dis là est affreux... mais c'est la triste vérité... Pour échapper à la responsabilité que ma naissance faisait peser sur lui, et pour que je ne fusse plus à charge à ma mère, M. Laurent Jouffroy a été l'instigateur de ce mariage.

— Oh ! c'est infâme ! il devait vous connaître!

— Il savait, il devait savoir que l'éducation, que les enseignements que j'avais reçus ne pouvaient offrir aucune garantie de bonheur à mon mari; ma vie, chez ma mère, était tellement misérable, que, pour sortir de cet enfer, je consentis avec joie à épouser votre fils. Il m'aimait éperduement, mon ingratitude envers lui a été odieuse. Je ne cherche pas à excuser ma conduite, vous en connaissez les suites. Le nom de mademoiselle Jouffroy a provoqué la révélation que je vous fais. Malheureuse jeune fille, épouser Henri de Villetaneuse! mais elle ignore donc quel est cet homme!

Le père Laurencin, encore sous le coup de la révélation de la courtisanne, garda un moment le silence, et reprit :

— Par respect pour les parents de M. Fortuné, je garderai le secret que vous m'avez confié, personne ne saura que vous appartenez à cette famille, dont vous seriez le déshonneur, personne ne saura que le frère de l'estimable M. Jouffroy a été l'auteur de cet indigne mariage, qui a causé le désespoir et la mort de mon fils ; maintenant, écoutez-moi : s'il vous reste, ou s'il s'est éveillé en vous quelque bon sentiment, usez de votre empire absolu sur M. de Villetaneuse, empêchez-le de se marier avec mademoiselle Jouffroy ; ce que vous venez de dire de cet homme, prouve combien elle serait à plaindre si cette union s'accomplissait. M. Fortuné aime beaucoup sa cousine, il est plus que personne au monde digne et capable de la rendre heureuse; elle lui avait d'abord promis de l'épouser, puis, par un caprice de jeune fille, elle lui a préféré ce M. de Villetaneuse ; mais si celui-ci renonçait à elle, j'en suis convaincu, elle reviendrait pour le bonheur de sa vie à son cousin, à son ami d'enfance.

— Mais, mon fils ! mon fils ?

— N'est-ce donc rien pour vous de prouver votre reconnaissance à celui qui, depuis cinq ans, traite Michel, non comme son apprenti, mais comme son enfant?

— Ecoutez-moi à votre tour. Rompre le mariage de M. de Villetaneuse, c'est forcément renouer ma liaison avec lui, c'est continuer le commerce infâme que vous avez flétri et dont j'ai horreur depuis que j'ai retrouvé mon enfant; cela, n'est-ce pas, vous semble étrange? Vous allez me dire encore que je mens ! Et pourtant je dis la vérité. A la seule pensée, voyez-vous, de vivre comme par le passé avec M. de Villetaneuse ou avec tout autre, tout en moi se révolte... Oui, d'aujourd'hui, je me sens honnête femme !.. Avec la maternité l'honneur m'est revenu !

Catherine ne mentait pas, l'amour maternel devait la réhabiliter de même qu'un amour sincère, dévoué, a pu réhabiliter d'autres courtisannes. Aussi, malgré l'aversion qu'elle inspirait au père Laurencin, il crut, il eut raison de croire à son repentir, à ses bonnes résolutions :

— Il se peut que, vous régénérant dans la sainteté de l'amour maternel, vous soyez résolue de renoncer à vos désordres, — reprit le vieillard. — La douleur de M. Fortuné me navre, sa cousine sera malheureuse avec M. de Villetaneuse. J'avais d'abord pensé que votre influence sur lui pouvait rompre ce mariage, mais dès que vous êtes fermement décidée à entrer dans une voie meilleure, il ne m'est plus permis de vous demander un service qui vous obligerait de continuer votre liaison avec cet homme, non, non, le changement qui s'opère en vous est d'un heureux augure, je ne veux pas risquer d'ébranler vos bonnes intentions. Que ce fatal mariage s'accomplisse donc?

— Il ne s'accomplira pas! — reprit soudain Catherine après un moment de réflexion, — non, et pourtant, je ne faillirai pas à mes nouvelles résolutions!

— Mais comment...

— Fiez-vous à moi et au dégoût insurmontable que m'inspire à présent cette vie honteuse qui, si longtemps, fut la mienne... Maintenant, dites? si j'empêche ce mariage! si je prouve ainsi, hélas! bien faiblement sans doute, ma reconnaissance envers M. Fortuné Sauval, à qui Michel doit tant, me donnerez-vous quelque espoir? Mon Dieu! je serai patiente, résignée... mais au moins laissez-moi espérer qu'un jour...

Elle n'acheva pas et fondit en larmes.

— Hé bien! — reprit le père Laurencin appitoyé, — si ce mariage est rompu, si vous persistez à revenir au bien, vous verrez votre fils.

— Joies du ciel !

— Je dirai à Michel que vous avez autrefois connu sa mère, et...

Le vieillard fut interrompu par l'arrivée du cousin Roussel, qui, triste et soucieux, entra dans l'atelier.

Madame de Morlac abaissa vivement son voile, et le père Laurencin lui dit tout bas :

— Lorsque j'aurai la certitude de la rupture du mariage, vous verrez Michel. Je vous écrirai... En quel endroit ?

— Venez demain matin chez moi, à midi, — répondit vivement et tout bas la courtisanne. — Vous aurez la preuve, la preuve écrite, de la rupture de ce mariage !

— Quelle assurance ! par quel moyen comptez-vous ?...

— Je n'en sais rien encore, mais je vous dis que ce mariage sera rompu, et je verrai mon fils... Oh ! merci, merci !

Madame de Morlac, grâce à l'obscurité, car la nuit était presque venue, put prendre, sans être aperçue du cousin Roussel, la main du père Laurencin, la porta à ses lèvres, et, après s'être arrêtée pendant un instant, devant la porte de la chambre où était renfermé l'apprenti, elle sortit précipitamment.

— Ah! monsieur Roussel, — s'écria le père Laurencin, lorsqu'il fut seul avec Joseph, — venez... venez, allons trouver M. Fortuné.

— Il est rentré désespéré, n'est-ce pas ?

— Oh! oui... Mais au désespoir va succéder l'espérance.

— Que voulez-vous dire ?

— Venez, venez, il est là, dans sa chambre... Ah! il ne s'attend pas, ni vous non plus, à ce que je vais lui apprendre... Venez, venez.

Et il entra chez Fortuné Sauval, en compagnie du cousin Roussel, de plus en plus surpris des paroles du vieil artisan.

XL

Pendant la soirée de ce même jour, Henri de Villetaneuse devait être formellement présenté par son oncle à la famille Jouffroy, comme fiancé d'Aurélie.

Deux mots rétrospectifs :

L'on se souvient que le matin, Henri de Villetaneuse, après son entretien avec son oncle, s'était montré très-irrésolu au sujet du mariage proposé par le marquis, et voulait absolument subordonner son consentement à celui de madame de Morlac dont il subissait aveuglément l'empire.

Catherine, sortant de son évanouissement après le départ de Michel, ne songeant qu'à lui et aux moyens de le revoir, ne voulut entendre aucune des paroles du comte, le chassa de chez elle, lui défendant d'y revenir jamais. Celui-ci, exaspéré de ce caprice quitta la courtisanne et retourna chez le marquis, le rusé vieillard profitant de l'irritation de son neveu, arracha son consentement au mariage, courut chez madame Jouffroy, brusqua les choses ainsi qu'on l'a vu, obtint la parole d'Aurélie, et afin de ne pas laisser à Henri de Villetaneuse le temps ou l'occasion de faillir à sa résolution, il retourna chez lui à la tombée du jour, lui apprit la réussite de ses démarches, l'emmena dîner à son club, et à neuf heures, le conduisit chez madame Jouffroy.

Madame de Morlac, fidèle à sa promesse faite au père Laurencin, de rompre le mariage du comte, s'était aussitôt rendue chez lui; ne l'y trouvant pas, elle fit causer son domestique, sut de lui qu'il avait ordre d'aller le soir, avec une voiture, chercher son maître rue du Mont-Blanc, chez M. Jouffroy. Ce renseignement fut un trait de lumière pour Catherine : elle avisa en conséquence.

Henri de Villetaneuse avait donc été officiellement présenté à M. et à madame Jouffroy ainsi qu'à Aurélie.

La tante Prudence, instamment priée par son frère d'assister à cette solennité de famille, refusa; Marianne, prétextant d'un violent mal de tête, resta près de sa tante, et ne dit pas un mot à sa sœur de son pénible entretien avec leur mère. Celle-ci, comptant vaincre la résistance de Marianne à l'endroit du couvent, se crut en mesure d'annoncer à M. Jouffroy que leur fille désirant se retirer dans une maison religieuse, la question de la dot se trouvait ainsi heureusement tranchée, puisqu'il n'aurait plus qu'une fille à doter; chagrin, mais peu surpris de la prétendue résolution de Marianne, que son goût pour la retraite et son infirmité avaient jusqu'alors tenue éloignée du monde, M. Jouffroy, crut à l'affirmation de sa femme, et, malgré son regret de voir sa fille aînée entrer au couvent, se sentit allégé du poids d'une grande iniquité; il espérait d'ailleurs, en témoignant tant de condescendance aux volontés de sa femme, obtenir d'elle quelques paroles de réconciliation à l'endroit de leur vieil ami Roussel, puis, enfin, raison surtout dominante et décisive, pour ce faible et excellent homme, il voyait Aurélie et sa mère si radieuses, si glorieuses de cette union, qu'il finit par partager leur enthousiasme, oubliant ses préférences pour Fortuné Sauval, et l'énormité de la dot exigée par le marquis.

La famille Jouffroy (moins Marianne et la tante Prudence) se trouvait réunie dans le grand salon, peu de temps après l'arrivée du marquis et de son neveu.

Aurélie se croyait parfois le jouet d'un rêve éblouissant.

La veille au soir, à peu près à la même heure, elle avait rencontré Henri de Villetaneuse pour la première fois ; vivement impressionnée par lui, elle regardait d'abord comme une folie la seule pensée de l'épouser, *de devenir comtesse*, et vingt-quatre heures après cette rencontre, elle le voyait là, près d'elle et de sa mère, leur disant, tandis que plus loin M. Jouffroy et le marquis causaient ensemble près de la cheminée :

— Oui, mesdames, lorsque tantôt j'ai été instruit par mon oncle que j'aurais l'honneur de vous être présenté ce soir, je ne saurais vous exprimer quel a été mon trouble... mon embarras...

— Ah ! monsieur le comte, — dit madame Jouffroy, — c'était au contraire à nous d'être embarrassées.

— Madame, voulez-vous, ainsi que mademoiselle Aurélie, me faire la grâce de m'accorder une faveur dont je serais bien heureux ?

— Parlez, monsieur le comte ?

— Veuillez ne plus me donner ce titre cérémonieux... j'ai maintenant le droit d'espérer que vous, madame et mademoiselle votre fille, vous daignerez me traiter avec plus de familiarité ; je vous en prie, appelez moi : monsieur Henri... en attendant ce jour... ce beau jour... où vous m'appellerez votre fils, et où il me sera permis de vous appeler ma mère...

— Oh ! monsieur le comte, bien volontiers, puisque vous le permettez.

— Nous vous appellerons monsieur Henri, — s'empressa d'ajouter Aurélie, qui éprouvait un doux charme à prononcer ce nom, et elle reprit en souriant : — Ainsi, monsieur Henri, lorsque vous avez appris que vous deviez nous être présenté ce soir... votre embarras a été grand? Il nous faut vous croire... et cependant...

— Et cependant mon embarras ne vous semble pas très explicable, mademoiselle Aurélie? Que voulez-vous, rien ne me paraît plus embarrassant que le bonheur inattendu... et surtout immérité...

— Monsieur le comte, vous êtes trop modeste, et...

— Maman, — dit Aurélie souriant et interrompant sa mère, — nous avons promis à M. de Villetaneuse de l'appeler M. Henri.

— C'est vrai... Hé bien !... M. Henri est par trop modeste.

— Non, madame, ce n'est pas modestie, mais conscience. Voyons, quel est mon mérite? D'avoir été frappé... oh ! oui... profondément frappé de l'éblouissante beauté de mademoiselle votre fille?

Et se tournant vers madame Jouffroy :

— Je vous parle absolument comme si mademoiselle n'était pas là. Il est convenu qu'elle ne nous entend pas... Ainsi, après avoir été frappé de sa beauté, j'ai été peut-être encore plus frappé de sa grâce, de son esprit, de la bonté de son cœur.

Et il ajouta, s'adressant toujours à madame Jouffroy :

—Heureusement mademoiselle Aurélie ne m'entend pas ; elle a trop de modestie pour ne pas fuir les éloges les mieux justifiés.

— Il est très heureux que je ne vous entende pas, monsieur Henri, — reprit gaîment Aurélie, — sinon je vous demanderais comment vous avez pu découvrir en moi tant de belles qualités pendant la durée d'une contredanse ?

— Ah ! mademoiselle, vous m'attaquez ?.. hé bien ! je vais me défendre. Madame votre mère sera juge entre nous.

— C'est ça ! et je vous jure, monsieur Henri, de ne pas montrer de préférence dans mon jugement.

— Ainsi, mademoiselle Aurélie s'étonne

de ce que, durant le temps d'une contredanse, j'ai pu reconnaître, apprécier sa beauté, la grâce de son esprit, la bonté de son cœur? Je répondrai qu'il m'a suffi d'un instant pour être ébloui de sa beauté, ce qui est fort croyable; quant à la bonté de son cœur, vous me concéderez ceci, madame, je l'espère : qu'après avoir, je suppose, respiré une fois le parfum d'une fleur, cela suffit à apprécier la suavité de ce parfum ?

— C'est évident, — reprit madame Jouffroy, ravie de cette galanterie, — c'est de la dernière évidence.

— Ah! vois-tu, maman, comme tu te montres partiale envers M. Henri.

— De grâce, mademoiselle Aurélie, n'influencez pas madame votre mère : or, j'en appelle à vos souvenirs, vous avez, hier soir, prononcé quelques mots qui révèlent aussi parfaitement la bonté de votre cœur, que le parfum révèle la fleur. Une jeune personne assez laide, et fort ridiculement habillée, dansait dans le même quadrille que nous. Je fis sur elle une plaisanterie, vous m'avez interrompu, mademoiselle, en me disant avec la grâce la plus touchante : — « Ah! monsieur! la « mère de cette jeune personne est là, der- « rière nous... elle pourrait vous entendre, « vos paroles lui causeraient tant de cha- « grin! » — Maintenant, madame, — c'est à vous que je le demande, de telles paroles ne suffisent-elles pas à prouver la bonté charmante de la personne qui les a prononcées ?

— Aurélie, tu ne nies pas le fait ?

— Non maman...

— Alors, je suis obligée, monsieur Henri, en ma qualité de *jugesse*, de vous donner raison contre ma fille... ah! dam, mon enfant, tant pis pour toi !

— Vous le voyez donc bien, madame, je disais avec raison que mon seul mérite est d'avoir été profondément frappé de ce que la bonté de mademoiselle Aurélie égalait sa beauté... Aussi, en apprenant que vous daigniez agréer ma demande, j'ai ressenti ce trouble, cet embarras que causent toujours un bonheur imprévu et immérité.

— Du moins, monsieur Henri, — reprit

Aurélie en souriant de bonheur et baissant les yeux, — vous n'êtes jamais embarrassé pour m'adresser les flatteries les plus aimables.

— Des flatteries! mon Dieu, le vilain mot... il faudrait vraiment, mesdames, inventer un autre terme, lorsqu'il s'agit d'exprimer une pensée à la fois élogieuse et sincère; affirmer l'éclat du diamant, c'est donc le flatter? affirmer la fraîcheur le doux parfum d'une rose, c'est donc la flatter? Enfin, mademoiselle, lorsque vous serez présentée à la cour, cette pauvre marquise de Lussan, cette infortunée duchesse de Morainville, qui passent à cette heure pour des reines de beauté, seront donc des flatteuses, parce qu'à votre vue, mademoiselle Aurélie, elles s'avoueront détrônées? ces belles merveilleuses!

— Vraiment, monsieur le comte! — reprit madame Jouffroy dans un incroyable et pourtant si sincère ravissement de vanité maternelle que les larmes lui vinrent aux yeux, — vous croyez que ma fille détrônera, écrasera ces belles dames!.. Ah! quel beau jour pour moi!

Cette exclamation attira l'attention du marquis de Villetaneuse qui s'entretenait auprès de la cheminée avec M. Jouffroy.

— Je gage, — dit le marquis en se rapprochant, — je gage, mesdames, que mon mauvais sujet de neveu vous dit quelque folie. Que voulez-vous, ces amoureux !!! Mais ne le ménagez point ; je vous abandonne tous mes droits sur lui, tancez-le vertement.

— Le tancer ! ah bien oui ! après ce qu'il vient de dire ! Tenez, si je l'osais, je l'embrasserais sur les deux joues.

— Osez, *ma mère*, osez,—répondit Henri de Villetaneuse avec beaucoup de grâce en s'agenouillant devant madame Jouffroy, qui, profondément touchée, ainsi qu'Aurélie, de ces mots : *ma mère*, ne put retenir ses larmes en donnant deux gros baisers à Henri de Villetaneuse.

— Peste ! la mère Jouffroy comme elle y va ! Mon malheureux neveu ne s'attendait guère à l'accolade ! — dit à part soi le marquis en aspirant sa prise de tabac et se détournant quelque peu afin de cacher son envie de rire ; — décidément nous aurions dû demander le million, chiffre rond !

Le domestique, *maître Jacques* de la maison, ayant revêtu sa redingote neuve entra dans le salon, au moment où Henri de Villetaneuse se relevait d'agenouillé qu'il était aux pieds de madame Jouffroy.

— Madame, — dit le domestique, — c'est M. et madame Richardet; peuvent-ils entrer ?

— Mais certainement, — et s'adressant au marquis, après la sortie du domestique :

— Les Richardet sont nos bons amis, vous les connaissez aussi, nous n'avons pas à leur cacher le mariage d'Aurélie; au contraire... — ajouta-t-elle, et savourant d'avance le dépit et l'envie des Richardet, elle se dit :— Ils vont en crever de jalousie.

— Chère duchesse, — reprit en souriant le marquis, — je me croyais jusqu'ici avec vous et mademoiselle, en petit comité, au faubourg Saint-Germain, mais voici que ces Richardet me rappellent à la réalité, je crois ainsi que vous, que nous n'avons point à leur cacher le mariage de nos enfants... au contraire !

Et le marquis ajouta à part soi :

— Peste soit du Richardet ! il connaît au vrai ma position pécuniaire et celle d'Henri, si par hasard le bonhomme Jouffroy allait demader à ce procureur des renseignements sur notre fortune, ce serait désastreux. Diable ! ceci devient inquiétant, et nul moyen d'endoctriner le Richardet ; d'un autre côté, en l'invitant ce soir lui et sa femme, la mère Jouffroy s'engage irrévocablement, tant elle est impatiente d'ébruiter le mariage et lorsqu'il le sera, parmi son monde bourgeois, la mère et la fille plutôt que d'en démordre, se feraient assommer avec le bonhomme Jouffroy par-dessus le marché !.. Il n'importe, peste soit de la venue du Richardet !

XLI

Madame Jouffroy et son mari étant allé audevant des Richardet jusque dans la salle à manger, Henri de Villetaneuse resta seul avec Aurélie, le marquis s'empressant aussitôt de tourner discrètement le dos aux fiancés, en se chauffant les pieds à la cheminée.

Henri, profitant de la circonstance, saisit hardiment la main de la jeune fille, la serra passionnément, et lui dit d'une voix palpitante, en jetant sur elle un regard de flamme :

— Aurélie, je vous adore ! Ah ! si vous m'aimiez comme je vous aime...

— Monsieur Henri, je vous devrai, je le

sens, le bonheur de ma vie ! — reprit mademoiselle Jouffroy d'une voix altérée en serrant faiblement à son tour, la main du comte, douce et brûlante étreinte, qui jeta la jeune fille dans un trouble à la fois délicieux et inconnu.

— Vous m'aimez ! Aurélie ! vous m'aimez ?...

— Vous me le demandez... — répondit-elle ; et pendant un instant ses yeux s'arrêtèrent sur ceux de M. de Villetaneuse, ce regard la fit tressaillir, la bouleversa, elle sentit ses genoux trembler, le sang lui monta au visage, un nuage passa devant sa vue ; heureusement un hem..., hem... sonore et significatif du marquis vint fort à propos la rappeler à elle-même ; car son père et sa mère rentraient avec les Richardet.

— Vous êtes bien gentille, ma bonne petite, d'être venue ce soir, — disait madame Jouffroy, — vous allez vous trouver en pays de connaissance.

— En pays de connaissance ? — reprit madame Richardet, qui du seuil du salon n'apercevait pas encore les personnes qui s'y trouvaient : — quelles sont donc ces connaissances, ma chère ?

— M. le marquis de Villetaneuse et son neveu !

— Comment ? Ils sont ici !.. il vont aussi chez vous ?

— Pourquoi donc pas, ma chère ? — répondit madame Jouffroy, savourant le dépit de son amie, pendant que le marquis s'adressant aux nouveaux venus, leur disait :

— Bonsoir, madame Richardet, je ne croyais pas hier soir avoir le plaisir de vous rencontrer ici aujourd'hui.

— Ni nous non plus, monsieur le marquis, — répondit madame Richardet très-interloquée ; — ni nous non plus, bien certainement !

— Aussi, ma chère, — reprit madame Jouffroy gonflée de vanité triomphante, — voyez le hasard des choses, il nous arrive un grand bonheur aujourd'hui, c'est à vous que nous le devons, aussi nous nous sommes empressés de vous inviter à venir ici ce soir, afin que vous en preniez votre part de ce bonheur ! Cela vous étonne, ma chère ! Tenez, monsieur le marquis voudra bien, j'en suis sûre, vous expliquer la chose !

— Or, la chose est à la fois, la plus heureuse et la plus simple du monde, — dit le marquis en aspirant sa prise de tabac. — Hier, mon neveu a eu l'honneur, madame, de rencontrer chez vous, mademoiselle Aurélie ; je suis venu aujourd'hui demander à M. et à madame Jouffroy s'il voulaient agréer mon neveu pour gendre ; ils l'ont agréé, mademoiselle Aurélie pareillement ! et dans quinze jours... le mariage.

— Oui, ma chère, — ajouta madame Jouffroy, — et comme c'est chez vous que les jeunes gens se sont rencontrés, c'était bien le moins que vous ayez la primeur de la nouvelle de ce mariage. Du reste, vous pouvez en répandre la nouvelle parmi nos amis, ce n'est plus un secret, Dieu merci !

Les Richardet se regardaient muets d'ébahissement, lorsque le maître Jacques rentra d'un air assez embarrassé, tenant une lettre à la main, il s'approcha du fauteuil de sa maîtresse, en lui disant tout bas :

—Madame, c'est une lettre que le domestique de M. le comte vient d'apporter en venant le chercher avec sa voiture.

—Monsieur Henri, — reprit madame Jouffroy, prenant la lettre des mains du domestique et se plaisant à affecter devant les Richardet, toujours muets d'étonnement, sa familiarité avec le comte, — mon cher monsieur Henri, c'est une lettre pour vous, tenez.

Le comte assez surpris s'approcha, prit la lettre, tressaillit imperceptiblement en reconnaissant l'ecriture de Catherine de Morlac, et s'inclinant à demi devant madame Jouffroy :

—Vous permettez, madame, que j'ouvre cette lettre ?

—Nous n'en sommes plus à faire des façons entre nous, mon cher monsieur Henri, lisez votre lettre... — et s'adressant à madame Richardet: —Avouez que vous ne vous attendiez guère à ce mariage-là, ma chère?... Hein ?

— Et vous donc? vous y attendiez-vous,

ma chère ? — riposta, non sans aigreur, madame Richardet.

A cette réplique, la mère d'Aurélie resta muette et embarrassée, tandis que, après avoir lu sans sourciller la lettre de Catherine, Henri de Villetaneuse, que sa fiancée ne quittait pas des yeux, disait au marquis :

— Mon cher oncle, nous oublions lord Mulgrave, à qui nous avons promis de le présenter, ce soir, au prince Maximilien, ce digne lord nous attend dans sa voiture, selon le rendez-vous que nous lui avons donné à la porte de madame Jouffroy. Il m'écrit ce billet au crayon, afin de nous rappeler notre promesse.

— Quel diable de lord est-ce cela ?... Henri fait un conte à ces bonnes gens, — se dit le vieillard, mais il reprit tout haut :

— Il faut, mon ami, avoir le courage de se sacrifier à l'accomplissement de sa promesse ; en ce moment surtout, qu'il s'agit de quitter ces dames, ce courage devient de l'héroïsme.

— Ces dames me permettront de venir me dédommager demain de cette soirée trop tôt interrompue, — répondit Henri de Villetaneuse en s'inclinant.

— Mais, j'y pense, — reprit le vieillard, — c'est demain lundi ; il y a bal aux Tuileries, les princes n'iront pas à l'Opéra. Je ferai demander leur loge, qu'ils ont eu souvent la bonté de m'offrir; nous viendrons prendre ces dames à sept heures et demie, si cette proposition leur convient.

— Si cela nous convient ! — s'écria madame Jouffroy, en jetant un regard de superbe triomphe sur les Richardet, — aller à l'Opéra, dans la loge des princes !... nous irions sur la tête, monsieur le marquis !

— Grâce à Dieu ! chère madame, nous vous épargnerons l'inconvénient de cette posture-là, — répondit le marquis en aspirant sa prise de tabac.

Après quoi, l'oncle et le neveu quittèrent le salon, reconduits, quoiqu'ils en eussent, jusque dans l'antichambre par M. et par madame Jouffroy.

M. et madame Richardet, sans être doués d'une extrême pénétration, devinèrent aisément qu'en les conviant à cette soirée, la mère d'Aurélie avait voulu, à la fois, jouir de leur dépit, et les faire servir (que l'on excuse cette vulgarité) les faire servir de *trompettes* à ce mariage, dont ils colporteraient la nouvelle dans leur société habituelle. Aussi, après un échange de quelques banalités, madame Richardet donna d'un regard le signal du départ à son mari. Celui-ci se levant, dit à M. Jouffroy avec un accent légèrement sardonique :

— Mon cher, je vous fais mon compliment sincère de ce superbe mariage.

— Mais, j'y pense, — reprit vivement M. Jouffroy, en emmenant l'avoué à l'écart dans un coin du salon, — puisque M. le marquis et son neveu vont chez vous, mon ami, vous connaissez peut-être leur position de fortune ?

— Certes, je la connais,... et de reste.

— M. le marquis évalue à huit cent mille francs la dot de son neveu !

— Ah bah ! M. le marquis l'évalue à ce chiffre ?

— Oui, mon cher ami. Est-ce que cela vous étonne ?

— Beaucoup.

— Vous m'inquiétez. D'où vient votre surprise ?

— D'où elle vient ?

— Oui, oui.

— Ma surprise vient, mon digne ami, de ce que M. le marquis, s'est contenté d'évaluer la dot de son neveu à ce modeste chiffre de huit cent mille francs,— reprit l'avoué, d'un air sournoisement narquois. — M. le marquis pouvait pousser jusqu'au million.

— Jusqu'au million... mon cher Richardet, jusqu'au million !

— Parbleu ! et même au-delà.

— Et même au-delà ?

— Certainement..

— Vous êtes sûr de cela ?

— Très-sûr...

— Ainsi vous, qui connaissez l'état de fortune de M. le marquis et de son neveu, vous croyez qu'ils auraient pu pousser l'évaluation jusqu'au million, et même au-delà ?

— Oui, et s'ils ne l'ont point fait... c'est qu'ils ne l'ont point voulu.

— Peut-être de crainte de nous humilier ?

— Probablement,... et là-dessus, bonsoir, mon cher ami... Je vous réitère tous mes compliments ; c'est un superbe mariager pour votre fille.. Ah ! superbe !!! Nous allons finir notre soirée chez Durand le notaire, qui donne un bal, nous annoncerons cette fameuse nouvelle.

Et il ajouta mentalement.

— Ah ! l'on nous invite ici pour nous humilier... A bon chat... bon rat..

Quelques moments après, M. et madame Richardet quittèrent le salon, laissant leur ami persuadé que le cousin Roussel était complètement dans l'erreur au sujet de la ruine de M. de Villetaneuse et de son oncle.

Aussitôt après le départ des Richardet, madame Jouffroy saisit sa fille entre ses bras, et pleurant de joie, l'embrassa passionnément, en lui disant avec effusion :

— Vas-tu être heureuse... Vas-tu être heureuse !!!

— Oh! oui, maman, — répondit Aurélie avec expansion, ne pouvant non plus contenir des larmes d'attendrissement.— C'est trop de bonheur pour moi... C'est trop !!

— Non, pas trop, tu n'en auras jamais assez de bonheur, chère petite comtesse; car te voilà comtesse... Ça y est... tu es comtesse !... Nous irons demain à l'Opéra, dans la loge des princes, et ça ne fait que commencer... Tiens, c'est à en devenir folle!...

Puis, s'adressant à son mari, qui silencieux, mais non moins ému, contemplait sa femme et sa fille.

— Hé bien ! Et toi.. Tu ne dis rien !

— Dam, que veux-tu que je dise ? Je vous vois toutes deux si heureuses, que ça me met du baume dans le sang, et je vous regarde... Quoique je ne parle pas, je n'en pense pas moins !

— Avoue qu'on n'est pas plus aimable, plus délicieux que notre gendre, car tant pis... à partir d'aujourd'hui, je dis notre gendre !!

— C'est vrai, on ne peut voir un plus

aimable jeune homme, et puis il a l'air si doux... si bon enfant.

— Mon ami, quel beau jour pour nous et pour Aurélie !

— Oh ! maman, — répondit la jeune fille en appuyant son front brûlant sur l'épaule de sa mère, — ma peur est que les autres jours semblent pâles auprès de celui-ci.

— Veux-tu bien te taire, par exemple, vilaine enfant, — dit madame Jouffroy en embrassant sa fille avec un redoublement de tendresse ; — je compte bien que ce bonheur là n'est rien auprès de celui qui t'attend !

— Pourquoi faut-il que ce beau jour m'ait coûté l'amitié de mon vieux Roussel, — pensait M. Jouffroy en étouffant un soupir. — Mais, heureusement, Mimi est si contente que j'obtiendrai, je l'espère, la *grâce* de Roussel. Ce qui me gâte aussi ce beau jour, c'est la résolution de Marianne de nous quitter, d'entrer au couvent, selon ce que m'a dit ma femme. Je sais que d'un autre côté, la question de la dot devient toute simple... Quoique huit cent mille francs... Hum... hum.. ça soit fièrement d'argent; il est vrai que, d'après Richardet, qui connaît leurs affaires, le marquis et son neveu sont encore plus riches qu'ils ne le disent... C'est égal, huit cent mille francs !!! Ce pauvre Fortuné ne demandait pas tant, lui ! Il n'avait pas seulement parlé de dot... Enfin, fifille préfère M. le comte... Qu'elle soit heureuse... je ne regretterai rien.

Le digne homme se livrait à ses réflexions en contemplant sa femme et Aurélie, lorsque la tante Prudence entra lentement dans le salon.

Madame Jouffroy, à la vue de la vieille fille, haussa impatiemment les épaules, et dit entre ses dents :

— Allons, bon ! voilà rabat-joie qui arrive !

XLII

L'épithète de *Rabat-Joie*, donnée par madame Jouffroy à la tante Prudence, lorsque celle-ci entra dans le salon, était justifié en cela que sa physionomie n'avait jamais paru plus âpre, plus soucieuse, plus sévère.

— Mon enfant, laisse-nous, j'ai à causer avec ton père et ta mère, — dit la tante Prudence à sa nièce. Aurélie éprouvait un si vif désir d'être seule avec sa pensée, pour se remémorer délicieusement les évènements de cette journée, qu'elle obéit avec empressement à l'invitation de la vieille fille, lui donna son front à baiser, embrassa son père, sa mère et sortit.

La tante Prudence, symptôme grave, n'apportait pas avec elle son tricot ; elle prit silencieusement place dans un fauteuil au coin de la cheminée.

— Ma chère, — lui dit sa belle-sœur, non sans impatience, — il paraît que nous en aurons pour longtemps ?

— C'est probable, — répondit sèchement la vieille fille.

Et faute de son tricot, sa contenance habituelle, elle croisa ses mains sur ses genoux, commença de faire tourner ses pouces, puis après quelques moments de silence, elle dit gravement à son frère :

— Est-il vrai qu'Aurélie épouse M. de Villetaneuse ?

— Oui, tante Prudence, — répondit vivement madame Jouffroy, — le mariage est convenu, conclu, décidé, la chose est faite.

— J'aurais dû, ce me semble, mon frère, être sinon consultée sur un acte si grave, du moins prévenue de ta résolution.

— Ma sœur, c'est que... c'est que...

— Tante Prudence, — reprit madame Jouffroy, venant en aide à l'embarras de son mari, — les choses ont marché si vite que nous n'avons pas eu le temps de vous prévenir.

— Fort vite, en effet, ont marché les choses, et m'est avis que lorsque l'on marche si vite... L'on risque fort de ne point savoir où l'on va, et de prendre le mauvais chemin pour le bon.

— Ainsi, mademoiselle, — reprit impérieusement madame Jouffroy, — vous prétendez vous mettre à la traverse de ce mariage?

La vieille fille secoua tristement la tête, et sans répondre à sa belle-sœur :

— Ce mariage, mon frère, t'a déjà coûté le sacrifice de ton meilleur, de ton plus ancien ami.

— Quoi ! tu sais que Roussel ?

— Il est venu me faire ses adieux, m'apprendre qu'on le chassait de cette maison.

— Hélas ! ma sœur, ce n'est pas moi qui...

— Oh ! je le sais... Mais, dis-moi, est-ce vrai que tu donnes à Aurélie huit cent mille francs de dot?

— Hum... hum, je vais t'expliquer cela, je...

— Donnes-tu, oui ou non, huit cent mille francs de dot à Aurélie ?

— Oui, mademoiselle, — répondit madame Jouffroy, — nous donnons huit cent mille francs de dot à Aurélie, c'est clair, je crois?

— C'est fort clair, madame, très clair, trop clair...

— Ecoute-moi, Prudence, — reprit M. Jouffroy, — tu me connais, je serais, tu le sais, incapable de déshériter l'une de mes filles, au profit de l'autre, voici ce qui arrive : Marianne, préfère au monde la retraite ; tantôt, sa mère a longuement causé avec cette chère enfant, et à mon grand regret, je l'avoue, elle est décidée à entrer au couvent ; n'ayant plus ainsi que sa sœur à doter, il nous est possible, sans injustice, tu le vois, mais en nous gênant beaucoup, de donner huit cent mille francs à Aurélie.

— Il y a, mon frère, à ceci une observation... Marianne ne veut point entrer au couvent... elle s'y refuse absolument.

— Que dis-tu ?

— Tantôt, elle est venue tout en larmes me confier, sans avoir fait cette triste révélation à Aurélie, que sa mère voulait lui imposer l'obligation d'entrer au couvent, mais qu'elle n'y consentirait jamais !

— L'effrontée ! — s'écria madame Jouffroy. — Elle ose...

— Ma femme, — reprit l'ancien commerçant avec anxiété, — tu m'avais pourtant assuré tantôt que Marianne désirait se retirer dans une maison religieuse ?.. Je n'ai point songé à interroger notre fille à ce sujet, ahuri que j'étais par les préparatifs de la soirée, je t'ai cru sur parole, et ce soir j'ai formellement promis cette dot à M. le marquis. Mais, si par malheur tu m'avais menti, — ajouta-t-il, avec une angoisse croissante, — si tu m'avais menti...

— Ah ! je vous reconnais là ! vipère que vous êtes ! — s'écria madame Jouffroy, furieuse, en interrompant son mari; et, s'adressant à la vieille fille. — Il faut que vous apportiez le trouble partout !

— Il ne s'agit pas d'injurier ma sœur, mais de dire oui, ou non, s'il est vrai que Marianne demande à entrer au couvent, sinon...

— Sinon quoi? — reprit impérieusement madame Jouffroy. — Voyons, monsieur, articulez donc?... sinon quoi?

— Aussi vrai que Dieu m'entend! ce mariage sera rompu.

— Vous osez...

— Oui, ce mariage sera rompu, s'il ne doit se conclure qu'au prix de cette dot! Moi! dépouiller une de mes filles pour enrichir l'autre! Est-ce que vous êtes folle! Ma fortune m'appartient peut-être? J'ai eu assez de peine à la gagner! J'en disposerai en bon père de famille! Entendez-vous cela, ma femme!

— Ah! votre fortune vous appartient à vous seul? Ainsi, moi je n'ai été pour rien dans le gain de cette fortune? Je n'étais donc pas au comptoir depuis huit heures du matin jusqu'à dix heures du soir? Je ne m'occupais donc pas de la vente? Je ne tenais donc pas vos livres et la caisse? Je ne réglais donc pas votre maison! Ce n'était donc pas moi qui me chargeais des placements de nos bénéfices? Parce que, bonnasse comme vous l'êtes, vous auriez eu confiance dans le premier venu, et compromis vos capitaux ! Je ne vous ai donc pas apporté, en mariage, le double de ce que vous possédiez ? Et aujourd'hui, vous avez l'ingratitude et l'audace de dire que, seul, vous avez gagné notre fortune ? Vous osez parler de rompre un mariage qui assure le bonheur de notre fille... Ah ! tenez, prenez garde ! monsieur, prenez garde ! Ne me poussez pas à bout ; votre vie depuis vingt-cinq ans n'a été qu'un paradis, vous me l'avez souvent répété ; mais, jour de Dieu ! si vous renouveliez souvent les scènes d'aujourd'hui, votre vie deviendrait un enfer !

— Oh ! je vous crois, allez..., je vous crois ! — répondit le digne homme en pleurant, — je sais quelles secousses j'ai eues depuis ce matin, il y aurait de quoi en perdre la tête, et si ça recommence, vous me la ferez perdre tout-à-fait... Je sens déjà mes tempes battre comme tantôt ; lorsque vous m'avez disputé, à propos de cette malheureuse dot !

— Allons, du courage, mon pauvre frère, ou plutôt de la résignation, — reprit tristement la tante Prudence. — Je le reconnais, tu n'es pas de force à lutter contre une domination, qui, pendant vingt-cinq ans a été excellente ; mais, qui maintenant, égarée par de déplorables vanités, menace de devenir pour toi aussi funeste qu'elle a été jadis salutaire... Non, je ne t'engage pas à la résistance... si je la croyais possible de ta part, je te tiendrais un autre langage. Je sais la bonté, la sensibilité, mais aussi la faiblesse de ton caractère ; si tu tentais de faire dominer ici la voix de la raison, ta femme te l'a dit : ta vie serait un enfer... cède donc, afin d'échapper à l'enfer...

— Ah ! tu m'aimes, toi ! — murmura douloureusement l'ancien négociant, — tu comprends les angoisses d'un père qu'une malheureuse folle veut forcer à l'injustice !

Madame Jouffroy, exaspérée par les dernières paroles de son mari, saisit la tante Prudence par le bras, et lui dit avec emportement.

— Mademoiselle, ne continuez pas d'exciter ainsi votre frère contre moi, sinon vous me forcerez à...

— Rassurez-vous, madame, — reprit la

vieille fille en interrompant sa belle-sœur et se dégageant de son étreinte avec dignité, — ma présence ici ne vous sera plus à charge.

— Prudence ! que dis-tu?

— Mon frère, je quitte cette maison, il faut nous séparer.

— Nous séparer? mais c'est impossible! mais tu n'y penses pas ! mais depuis quarante ans nous vivons ensemble! mon Dieu! mon Dieu! oh! je crois que ma tête va éclater, le sang m'étouffe, — murmura ce malheureux, qui, d'un tempérament sanguin, presque apoplectique, sentait le sang affluer violemment à son cœur et à son cerveau, puis, après un moment de douloureux silence, il reprit d'une voix suppliante, entrecoupée :

— Non, non, tu ne m'abandonneras pas! miséricorde! Voir dans le même jour s'éloigner de moi mon plus vieil ami et ma sœur, c'est trop ! c'est trop! non tu ne peux pas m'abandonner au moment où jamais je n'ai eu plus besoin de toi, — et il ajouta bouleversé, presque égaré : — Je ne veux pas rester seul ici avec ma femme. J'en ai peur maintenant... Hé bien ! oui, là ! j'en ai peur depuis qu'elle m'a menacé de rendre ma vie un enfer !

A ces mots, madame Jouffroy, malgré l'emportement de son caractère, se sentit péniblement émue.

La tante Prudence aussi, fut péniblement émue. Elle hésita pendant un moment à se séparer de son frère en de telles circonstances. Mais elle connaissait tellement le caractère de M. Jouffroy à la fois si faible, si bon, et depuis si longtemps façonné au joug de sa femme, que cette hésitation cessa et la vieille fille reprit :

— Mon pauvre ami, tu n'as aucun motif de redouter ma belle-sœur, dès que selon la coutume tu te soumettras à ses volontés. J'ai maintenant à te faire, ainsi qu'à elle, une proposition au sujet de Marianne.

— Quelle proposition ? — reprit madame Jouffroy assez surprise, — que voulez-vous dire, mademoiselle ?

— Mon frère, je connais la générosité de ton cœur, ton équité, mais tu seras, malgré tes scrupules, obligé de doter Aurélie au détriment de Marianne, puisque ta femme l'exige; je désire t'épargner, en partie, le remords d'une injustice que tu commettras forcément, bien qu'elle te révolte. Je te propose donc de me charger de Marianne.

— Que veux tu dire? — reprit l'ancien négociant, dont l'entendement commençait de faiblir, par suite de si cruelles secousses. — J'ai comme des étourdissements, c'est à peine si je te comprends.

—Ecoute-moi, mon pauvre ami, mon patrimoine s'est plus que triplé par mes économies, ma fortune sera la dot de Marianne, si elle se marie, et, en ce cas, je demeurerai avec elle et son mari. Si, au contraire, elle reste fille, nous continuerons de vivre ensemble, et un jour elle sera mon unique héritière; elle consent à venir habiter avec moi, ne croyant vous blesser en rien, madame, — ajouta la tante Prudence, s'adressant à sa belle-sœur, — puisqu'il doit vous être indifférent que votre fille soit au couvent ou près de moi.

—Certainement, mademoiselle, dès que

Marianne vous préfère à nous, elle est libre de nous quitter.

— Ah! c'est notre faute! — s'écria en gémissant M. Jouffroy, — c'est notre faute! toutes nos préférences ont été pour Aurélie... et sa sœur ne nous aime plus... elle se sépare de nous! mon Dieu! — et il cacha son visage éploré entre ses mains. — Je ne m'attendais pas à ce dernier coup... ah! je n'y résisterai pas...

— Mon frère! de grâce! ne te méprends pas sur la cause du désir de Marianne, sa tendresse envers toi, envers sa mère, n'a été en rien altérée par vos préférences pour Aurélie, qu'elle chérit autant que par le passé; mais, cette pauvre enfant sait combien elle serait déplacée dans la société qui va nécessairement devenir la vôtre, par suite du mariage en question.

— Entendez-vous, ma femme ? voilà les conséquences de votre sotte gloriole ! — s'écria M. Jouffroy avec amertume, — au lieu de vivre heureusement, paisiblement, en famille, parmi les personnes de sa sorte, on veut être du grand monde, la vanité vous tourne la tête, et alors, sœur, fille, ami, vous abandonnent !

— Mon frère, nous ne t'abandonnons pas, nous nous verrons souvent, très souvent, je l'espère ; ainsi tu consens à ce que j'emmène Marianne ?

— Hé ! mon Dieu ! nous reparlerons de cela plus tard ; j'ai ce soir la tête perdue... je viens d'avoir encore un éblouissement... ça finira par un coup de sang... je suis accablé... c'est pourtant assez de chagrin en un jour !

— Mon ami, crois-moi, il m'en coûte beaucoup d'insister pour connaître ta décision au sujet de Marianne; car j'ai l'intention de m'en aller d'ici... dès demain...

— Vous prévenez mon plus vif désir, mademoiselle, — dit madame Jouffroy avec une irritation contenue, — après ce qui s'est passé entre nous, il fallait que vous ou moi, sortions d'ici...

— Ainsi, ferai-je, madame, et dès demain, je vous le répète...

— Demain ? — reprit M. Jouffroy avec stupeur, — Prudence ! est-il possible ! écoute-moi ! par pitié, écoute-moi !

— J'étais résolue de quitter demain cette maison, je la quitterai demain : après les paroles de ta femme, que tu viens d'entendre, il ne m'est plus possible de demeurer ici ; j'avais, d'ailleurs, prié tantôt notre cousin Roussel de me retenir provisoirement un petit appartement garni dans le voisinage de la Cour-des-Coches, où demeure Fortuné.

— Demain, mon Dieu! demain, te quitter. Est-ce que je rêve! est-ce que tout cela est vrai! — s'écria M. Jouffroy, dont la faible intelligence s'oblitérait de plus en plus, — pourquoi partir... d'ici plutôt demain qu'un autre jour?

— Parce que cette séparation devant s'accomplir, mon ami, il faut qu'elle ait lieu le plus tôt possible, je ne saurais désormais rester un jour de plus dans cette maison, après avoir été traitée comme je l'ai été par ma belle-sœur, il me faut donc prendre courageusement mon parti, et si tu consens à ce que Marianne...

— Hé bien! qu'elle parte! fille, sœur, ami, abandonnez-moi tous! allez au diable! et moi aussi! — s'écria ce malheureux en proie à un égarement croissant, qui devint bientôt le délire d'un violent accès de fièvre chaude. — J'ai mérité ce qui m'arrive! c'est bien fait! c'est bien fait! — ajouta-t-il en marchant çà et là d'un pas précipité et d'un air hagard. — Je suis un imbécille, une poule mouillée, un crétin sans volonté, sans cœur, sans courage! Et toi, vois-tu? — et il montra le poing à sa femme, qui commençait à s'alarmer de ce dérangement d'esprit. — Toi et ta fille, avec votre vanité, vous ferez notre malheur à tous, et le vôtre! — Puis poussant un éclat de rire sardonique. — Ah! ah! ah! il commence bien ce mariage! en un seul jour, ma sœur, une de mes filles et mon meilleur ami s'éloignent de moi... me méprisent comme un niais, que sa femme mène par le bout du nez. Ah! comme ils ont raison... comme ils ont raison!! ah! ah! ah! quel sot bonhomme je suis... mais aussi, madame Jouffroy... ta fille sera comtesse! tu seras la mère d'une comtesse! je serai le père d'une comtesse! Ah le beau mariage! le beau mariage! superbe... et pas cher!! huit cent mille francs! Ah! ah! ah! c'est pour rien... pour rien. Travaillez donc comme un nègre pendant vingt-cinq ans de votre vie, à seule fin d'enrichir M. le comte... Serviteur de tout mon cœur, mon noble gendre... huit cent mille francs! comme vous allez, sans doute, les fricasser... Oh! le beau mariage! les heureuses noces que voilà!! Ah! ah! ah! nous y danserons, n'est-ce pas, duchesse Mimi, aux noces de la comtesse Aurélie... En avant deux, la, la... traderi, tradera, la, la...

Puis, poussant un gémissement étouffé, M. Jouffroy trébucha et s'affaissa sur lui-même, ses traits, d'abord d'un rouge cramoisi, devinrent d'un pourpre violacé. Il tombait frappé d'un coup de sang.

— Vous le tuerez, malheureuse folle! — s'écria la tante Prudence, en s'adressant à sa belle-sœur qui, épouvantée, fondant en larmes, s'était jetée à genoux sur le tapis auprès de son mari.

La vieille fille, après avoir sonné à tout rompre, dit au domestique qui accourut.

— Allez vite chercher le médecin qui

demeure dans la maison en face de celle-ci, et surtout, pas un mot à mes nièces de l'indisposition de leur père !

— Elles sont couchées, mademoiselle.

— Allez vite et ramenez le médecin tout de suite.

Le domestique sortit en hâte, tandis que madame Jouffroy, éperdue, éplorée, sanglotait aux côtés de son mari en murmurant :

— Mon pauvre ami ! mon pauvre Baptiste !

La tante Prudence, conservant sa présence d'esprit, se hâta de dénouer la cravate de son frère, et au lieu de le laisser étendu sur le tapis, elle l'adossa à un fauteuil en ordonnant à sa belle-sœur, qui obéit, d'ouvrir toutes les croisées, et de l'aider à approcher M. Jouffroy de ce courant d'air.

Le médecin arriva bientôt, et après avoir examiné le malade :

— Rassurez-vous, mesdames, c'est une simple congestion cérébrale, une légère saignée, du repos, la diète, des bains de pieds, et bientôt M. Jouffroy sera debout.

XLIII

Le cousin Roussel occupait un appartement de garçon, dans la rue du faubourg Saint-Honoré, non loin de la *Cour-des-Coches*, où se trouvait l'atelier de Fortuné Sauval. Cet appartement se composait d'une entrée, d'une salle à manger et d'un salon communiquant d'un côté à une chambre à coucher, de l'autre à un cabinet de travail, formant bibliothèque, l'épicier en retraite partageait le goût de la tante Prudence, pour les vieux et bons livres.

Vers les sept heures du soir, le surlendemain du jour où Henri de Villetaneuse avait été accepté par Aurélie, comme fiancé, triste journée terminée par l'indisposition de M. Jouffroy, frappé d'une congestion cérébrale, le cousin Roussel debout dans son salon éclairé par une lampe, donnait les instructions suivantes au portier de la maison :

— Vers les sept heures et demie ou huit heures, une dame viendra me demander.

— Bien, monsieur Roussel.

— Vous ferez monter cette dame, vous l'accompagnerez dans la salle à manger, vous la prierez d'attendre là, pendant un moment, et vous m'avertirez de son arrivée.

— Oui monsieur, et si d'autres personnes vous demandaient, je ne les laisserai pas monter ? C'est entendu.

— Ce n'est point entendu du tout, monsieur Jérôme ! Est-ce que par hasard vous me croiriez en bonne fortune ?

— Monsieur !

— Vous laisserez, au contraire entrer les personnes qui auraient à me parler.

— Alors, monsieur, c'est différent. Tenez, justement on a sonné.

— Allez ouvrir.

Le portier sortit et presque aussitôt le père Laurencin parut dans le salon.

— Et Michel? — dit le cousin Roussel au vieillard, — est-ce qu'il ne vous accompagne pas?

— Si, monsieur; mais il est resté dans la salle à manger, nous pourrons ainsi causer un instant.

— Grâces vous soient rendues, père Laurencin, cette courtisanne usant, d'après votre ordre, de son empire absolu sur M. de Villetaneuse, s'est opposée à ce qu'il épousât Aurélie. Elle échappe ainsi aux malheurs que je prévoyais, et maintenant Fortuné peut tout espérer.

— Ah! monsieur Roussel, il est comme un fou, il va, il vient, il ne peut rester un moment en place, il a quitté l'atelier depuis tantôt, et nous ne l'avons pas revu.

— Pauvre garçon, c'est la fièvre de la joie qui l'agite.

— Et ce bon M. Jouffroy se ressent-il encore de son indisposition?

— Non, selon ce que m'a écrit hier la tante Prudence, qui m'avait instruit de cet accident ; elle devait quitter la maison de son frère, mais son indisposition et la rupture du mariage, ont suspendu le départ de ma vieille amie.

— Et mademoiselle Aurélie ?

— Sa tante me dit dans sa lettre que cette chère enfant, en apprenant qu'elle devait renoncer à M. de Villetaneuse, s'est montrée courageusement résignée. Cela ne m'étonne pas, elle a d'excellentes qualités, mais elle s'était laissée égarer par la déplorable vanité de sa mère, capable de tout sacrifier au sot orgueil de voir sa fille comtesse; aussi j'espère qu'Aurélie, plus sagement inspirée, reviendra maintenant à Fortuné. Noble et bon cœur ! Il offre à sa cousine tant de garanties de bonheur ! Cette madame de Morlac aura du moins une fois dans sa vie, concouru à une action louable en usant de son influence dans un but honorable. Cette femme ne peut tarder à venir; vous lui avez donné exactement mon adresse ?

— Oui, monsieur Roussel, puisque vous voulez bien permettre que cette entrevue ait lieu chez vous...

— Il n'était pas convenable que Michel allât chez cette créature. Mais, grand Dieu ! quel abîme que le cœur humain ! Cette courtisane égoïste, cupide, artificieuse, corrompue jusqu'à la moelle des os, délaisse son enfant pendant quinze ans, fait ainsi preuve d'une horrible insensibilité ! elle le retrouve,... et voilà qu'à cette heure, elle ressent toutes les angoisses de l'amour maternel !

— Que vous dirai-je, monsieur Roussel ! Lorsque avant-hier, je suis sur son invitation allé chez elle, pour y chercher la lettre dans laquelle le comte de Villetaneuse annonçait à M. et à madame Jouffroy, que pour des raisons survenues depuis la veille, son mariage avec mademoiselle Aurélie devenait impossible...

— Autre contradiction étrange ! — reprit Joseph en interrompant le vieil artisan. — Ce M. de Villetaneuse, sur le point d'épouser une honnête jeune fille merveilleusement belle, et qui lui apportait une fortune considérable ! Ce M. de Villetaneuse, quoique ruiné, bien qu'en ait dit son oncle, sacrifie Aurélie et sa dot, à l'empire de cette madame de Morlac ! courtisanne plus âgée que lui !

— Et ce sacrifice, il l'a fait presque sans hésitation, m'a dit cette femme, en m'engageant à lire la lettre de rupture dictée par elle : lettre convenable et très-polie d'ailleurs. Ah ! monsieur Roussel, lorsque je l'ai eu montrée à M. Fortuné, avant de la cacheter et de la porter moi-même chez le concierge de M. Jouffroy, j'ai cru d'abord que mon jeune patron allait devenir fou de joie... « Aurélie est à moi ! s'écriait-« il, elle tiendra maintenant la parole « qu'elle m'avait donnée librement. » Aussi, témoin de la joie de M. Fortuné, je n'ai pas eu le courage de refuser à cette malheureuse créature le bonheur de se rencontrer aujourd'hui avec son fils, puisqu'elle avait tenu ses promesses. Je suis retourné la prévenir que Michel serait ici ce soir. Ah ! si vous l'aviez vue, si vous l'aviez entendue... Elle baisait mes mains, elle fondait en larmes, elle se livrait à des élans de joie incroyables, et puis elle recommençait de pleurer...

— Oh ! l'âme humaine... l'âme humaine ! Qui pourrait en sonder les profondeurs ! — dit Joseph d'un air pensif. Puis, entendant la sonnerie de sa pendule :

— Sept heures et demie, — reprit-il. — Cette femme peut maintenant arriver d'un moment à l'autre. J'ai dit au portier de la faire attendre dans la salle à manger, où se trouve maintenant votre petit-fils. Ne serait-il pas temps de le préparer à cette entrevue ?

— Certainement, — répondit le vieillard, tandis que Joseph ouvrant la porte qui communiquait à la pièce voisine, appelait Michel, celui-ci entra dans le salon.

— Mon enfant, — lui dit son aïeul, — souvent tu m'as parlé de ton vif désir d'avoir sur ta mère des détails que je ne pouvais te donner, puisque, ainsi que je te l'ai dit, ton père s'est marié en pays étranger où il a perdu sa femme... mais j'ai appris hier que cette personne chez qui nous étions allés dimanche porter un bracelet, avait connu ta mère...

— Cette pauvre dame qui s'est trouvée mal ?

— Oui.

— Elle a connu ma mère ! elle pourrait me parler d'elle, mon Dieu ! quel malheur de n'avoir pas su cela quand nous étions chez cette dame !

— Rassure-toi, elle voit quelquefois M. Roussel.

— Elle viendra ici ce soir, — ajouta Joseph, — et tu pourras causer avec elle.

L'apprenti, les yeux humides de douces larmes, se jeta au cou du père Laurencin. Le cousin Roussel les contemplait tous deux avec attendrissement, lorsque le portier entra, et dit :

— Monsieur, cette dame est arrivée.

— Priez-la d'entrer.

Et bientôt madame de Morlac parut à la porte du salon.

Catherine cédant à un sentiment de délicatesse exquise, puisé dans l'amour maternel qui la régénérait, avait renoncé à son élégance habituelle ; elle portait une robe de laine de couleur sombre, un châle d'un prix minime et un chapeau d'une extrême simplicité : ces modestes vêtements étaient *neufs ;* elle se souvenait des terribles paroles du père Laurencin, au sujet des richesses impures dont elle voulait d'abord faire profiter son fils, et elle aurait cru profaner sa première entrevue avec lui, en s'y rendant couverte de somptueux vêtements, témoins, pour ainsi dire, de ses désordres.

Cette secrète pensée de la courtisanne fut comprise et appréciée du père Laurencin ; il lui dit tout bas, en indiquant l'une des portes communiquant au salon :

— Je vais entrer avec M. Roussel dans cette chambre dont la porte restera ouverte, j'entendrai votre entretien avec mon petit-fils ; ainsi, pas un mot qui puisse lui faire soupçonner que vous êtes sa mère, sinon, cette entrevue sera la dernière que vous aurez avec lui.

— Ne craignez rien, monsieur, — répondit Catherine, d'une voix basse et résignée, — je ne risquerai pas de compromettre la seule espérance qui me reste.

Le cousin Roussel n'avait jamais vu madame de Morlac, il l'observait avec un redoublement de pénible curiosité, tandis que le père Laurencin, s'approchant de Michel ;

— Mon enfant, pendant que M. Roussel et moi nous allons, dans ce cabinet, nous occuper d'une affaire qui nous intéresse, tu pourras parler de ta mère, avec cette dame.

— Oh! merci, merci, grand-père! quel bonheur pour moi!

Joseph et le vieillard, après que celui-ci eut de nouveau, par un geste significatif, recommandé à Catherine de ne pas se trahir, la laissa dans le salon, avec Michel.

XLIV

Madame de Morlac, pour la première fois, se trouvait près de Michel, et pouvait le contempler à loisir; enfin, elle l'avait là... près d'elle...

Comment exprimer ce qu'éprouvait, ce que souffrait cette malheureuse, obligée de contenir son geste, sa voix, son accent, ses regards, en ce moment où son cœur s'élançait au-devant de son enfant, en ce moment où elle se mourait d'envie de sauter à son cou, de le couvrir de larmes, de baisers, et de lui dire, du plus profond de ses entrailles de mère:

— Mon fils! mon fils!..

Mais, dominée par une nécessité redoutable, la courtisanne se contint, se rapprocha de Michel qui, rougissant et baissant les yeux, hésitait à prendre la parole.

— Mon enfant, — lui dit Catherine, s'efforçant de dissimuler l'altération de sa voix, — votre grand-père vous a dit que j'avais connu, beaucoup connu votre mère...

— Oui, madame, et de cela, je suis bien heureux...

— Vous l'auriez tendrement aimée, n'est-ce pas, votre mère ?

— Oh ! madame ! puisque, sans l'avoir jamais vue, je l'aime tant !..

— Elle vous manque bien, n'est-ce pas ?

— Mon grand-père est pour moi, bon ! mais bon ! comme vous ne pouvez pas vous l'imaginer, madame ; maître Fortuné me traite comme son fils ; et pourtant, il ne se passe pas de jour sans que mon cœur se serre, en pensant à elle... — Puis, s'enhardissant peu à peu, il leva ses grands yeux, humides de larmes, vers la courtisanne, et lui dit avec un ravissement ingénu, qui donnait à ses traits un charme inexprimable :

— Ainsi, madame, vous avez connu ma mère ! vous l'avez vue ! vous lui avez parlé ?

—Oui,... — répondit Catherine, de qui le cœur se brisait ; cette femme, toujours si fourbe, si fausse, si maîtresse d'elle-même, si dangereusement habile à paraître ce qu'elle n'était point, lorsque cette dissimulation servait sa cupidité, ne pouvait feindre l'indifférence auprès de son enfant que grâce à des efforts inouis, surhumains, — oui, — ajouta-t-elle, — j'ai souvent vu votre mère, et...

Catherine n'acheva pas, un sanglot étouffa sa voix.

— Mon Dieu ! madame, vous pleurez, — s'écria Michel, — qu'avez-vous ?

Presque aussitôt, la courtisanne entendant le père Laurencin tousser assez haut dans le cabinet voisin, comprit l'avertissement que lui donnait ainsi le vieil artisan, surmonta son émotion, essuya ses yeux, et dit à Michel d'une voix encore tremblante.

— Pardon... Je n'ai pu retenir mes larmes... en vous parlant... de celle... de celle qui a été... ma meilleure amie.

— Madame... je regrette...

— Oh ! ne regrettez rien, mon cher enfant, pour moi, ces larmes sont douces, bien douces...

— Je vous crois, madame, car lorsque je pense à ma mère ; quoique cette pensée m'attriste, elle m'est aussi bien douce, pauvre chère maman, elle devait m'aimer, autant qu'elle aimait mon père, car elle l'aimait bien, n'est-ce pas, madame ?

— Oui, — murmura Catherine baissant les yeux devant le candide regard de son fils.

— Oui,... elle l'aimait... beaucoup.

— Combien ils devaient être heureux ensemble ! mon père, par le cœur, valait mon grand-père, j'en suis certain, mais j'y songe, madame, vous avez dû aussi le connaître, mon père ?

— Je... je... le voyais rarement, ses travaux l'occupaient tout le jour.

— Oh ! d'ailleurs de lui, je peux parler avec mon aïeul, il n'en est pas ainsi de ma mère, qu'il n'a jamais vue. Il me semble que la bonté devait se lire sur sa figure. Est-ce que ses yeux étaient bleus ou noirs ?

— Ils étaient bleus.

— Et ses cheveux ?

— Blonds.

— Est-ce que... — puis, s'interrompant timidement, — madame, je crains que mes questions...

— Non, non, continuez, cher enfant.

— Hélas! madame, je le disais encore dimanche à mon grand-père, ce serait pour moi une consolation de pouvoir me figurer le visage de ma mère, il me semble qu'ainsi... je la verrais dans ma pensée.

— Ce désir est si touchant, qu'il ne faut pas craindre de m'adresser des questions.

— Oh! merci, madame, je sais déjà que maman était blonde, qu'elle avait les yeux bleus, et sa taille, était-elle grande ?

— Non, moyenne.

— Et quelle était sa coiffure habituelle ?

Catherine craignait en continuant de donner un signalement trop conforme au sien, d'eveiller les soupçons de Michel, aussi, afin de le dérouter complètement, (elle portait de longues anglaises) elle lui répondit au sujet de la coiffure dont il s'informait.

— Votre mère se coiffait ordinairement en bandeaux, et singularité assez rare, ses sourcils étaient très noirs, quoique sa chevelure fut blonde, — ajouta la courtisanne, afin d'éloigner toute idée de ressemblance avec elle.

— Des sourcils noirs, des cheveux blonds et des yeux bleus ! En effet, madame, cela est très-rare, oh ! encore merci de ce détail, il complète à peu près le portrait de ma mère, — reprit Michel, — maintenant, il me semble que je la vois, avec ses beaux yeux bleus, sous ses sourcils noirs contrastant avec ses cheveux blonds qu'elle portait en bandeaux. Qu'est-ce que je pourrais donc vous demander encore, madame, ah !... son front était-il haut ?

— Non, il était assez bas.

— Comme celui de ces belles statues grecques que maître Fortuné me fait admirer au Musée, — reprit Michel avec un naïf orgueil filial, et réfléchissant de nouveau. — Est-ce que maman avait le nez droit ou aquilin ?

— Aquilin, — répondit Catherine, dont

le nez était droit, très fin et légèrement relevé.

— Mon Dieu, que maman devait donc être belle! oh! je veux, grâce à ce que vous venez de m'apprendre, madame, faire une esquisse de son portrait. Je vous le montrerai, vous me direz si il est quelque peu ressemblant, car... je vous reverrai encore, n'est-ce pas, madame.

— Je le crois, je l'espère, du moins, — répondit Catherine d'une voix tremblante, — et ce vœu, cette espérance s'adressaient au père Laurencin, qui, placé dans la chambre voisine, écoutait cet entretien.

— Hélas! — pensait la courtisanne, — cette image d'une mère si regrettée que mon fils évoquera dans son esprit, ne sera pas même mon image!

Et elle reprit tout haut:

— Mon enfant, j'ai répondu à vos questions, je répondrai à toutes celles que vous pourrez encore m'adresser, permettez-moi à mon tour, au nom d'une personne qui fut ma meilleure amie, de vous parler de votre enfance, de vos travaux, enfin... de tout ce qui eût tant intéressé votre mère?

— Oh! avec plaisir, madame, — dit Michel, — j'aurai ainsi l'occasion de vous apprendre ce que je dois à mon grand-père et à maître Fortuné.

XLV

La courtisanne ne savait, des premières années de Michel que ce qu'elle avait appris par quelques mots du père Laurencin, cela ne suffisait pas à satisfaire l'avidité de sa curiosité maternelle ; d'ailleurs, elle ignorait encore si on lui permettrait prochainement d'avoir une autre entrevue avec son fils.

— Dites-moi, — reprit-elle, — à quelle époque remontent les souvenirs que vous avez conservés de votre première enfance ?

—Tout ce dont je me rappelle, madame, c'est de l'école des frères ou mon grand-père me menait le matin en allant à son atelier, et d'où il me ramenait le soir, après sa journée... Je me souviens encore de la boutique d'orfèvrerie du père de maître Fortuné, rien ne me plaisait davantage que la vue des bijoux, de l'argenterie. Je disais toujours à mon grand-père, que je désirais être apprenti bijoutier, aussi, à l'âge de dix ou onze ans, je ne suis plus allé à l'école, maître Fortuné m'a pris pour apprenti, et depuis ce temps-là, je travaille chez lui, avec mon grand-père...

— Vous trouvez-vous heureux de votre condition, cher enfant?

— Oh! oui madame, maître Fortuné me donne des leçons de dessin, il est pour moi rempli de bonté ; enfin, mon grand-père est, voyez-vous, ce qu'il y a de meilleur au monde...

— Ainsi, votre état vous plaît?

— Beaucoup, maître Fortuné me dit souvent que je deviendrai un artiste, et je travaille de mon mieux pour le contenter.

— Avez-vous de temps en temps quelques plaisirs, quelques distractions ?

— Certainement, madame, tous les dimanches je vais me promener avec mon grand-père, et nous dînons dehors *en partie fine*, comme il dit. Parfois, maître Fortuné nous accompagne, et, ces jours-là, nous allons au Musée voir les tableaux, les statues, les belles orfèvreries de la Renaissance.

— Et lorsque vous rencontrez des jeunes garçons de votre âge, vêtus avec élégance, se promenant en voiture, cela ne vous attriste pas, cela n'éveille pas votre envie...

— Oh! mon Dieu! non! Je n'y prends seulement pas garde à leurs beaux habits, et à leurs voitures, mon grand-père ne me laisse manquer de rien, il est même très coquet pour moi, mon bon vieux grand-père, — ajouta Michel en souriant; — car le dimanche, c'est lui qui fait la *raie* de mes cheveux, et qui noue ma cravate dans le bon genre... Je n'ai donc rien à envier, et puis d'ailleurs...

— Achevez mon enfant...

— Le soir, quand mon grand-père est couché, je lui fais la lecture dans des livres qu'il choisit; ces lectures, ainsi que les enseignements, les exemples qu'il me donne, me font penser que celui qui gagne honnêtement sa vie, n'a rien à envier à personne, et comme dit mon grand-père : « Il y a tant de gens que l'on mépriserait » comme la boue, au lieu de les envier, si » l'on savait comment ils ont gagné cet » argent qui les rend si fiers... » Il a grandement raison, mon grand-père, n'est-ce pas, madame ? Rien de plus honteux que des richesses mal acquises...

— Sans doute, — répondit la courtisanne, d'une voix tremblante, en songeant à l'abîme que cette horreur précoce du mal devait creuser entre son fils et elle, — votre aïeul se montre d'une rigoureuse sévérité... Du reste, ces sentiments font l'éloge de votre éducation. Ainsi, votre état vous plaît, et vous n'avez pour l'avenir aucune ambition ?

— Oh ! si madame !

— Voyons... dites-moi tout.

— Hé bien ! madame, — reprit Michel avec un accent confidentiel, d'une naïveté charmante, — mon ambition serait, mais non... c'est espérer trop...

— Enfin, dites...

— D'abord, je voudrais..., car je n'ai pas qu'une seule ambition ; d'abord, je voudrais devenir assez habile dans l'art de ciseler, d'émailler, de nieller, de graver, pour que maître Fortuné me garde toujours près de lui, comme son père a gardé mon grand-père, et puis..., oh ! mais voilà qui est par trop ambitieux !

— Achevez.

— Je voudrais... — ajouta Michel, en baissant un peu la voix, tandis que sa ravissante figure exprimait une joie touchante, à la seule pensée de ce vœu, — je voudrais en devenant excellent ouvrier... enfin : *artiste*, comme le dit maître Fortuné, gagner assez d'argent pour pouvoir dire un jour à mon grand-père : — « Vous avez de-
« puis mon enfance travaillé pour nous
« deux, maintenant à mon tour, votre vue
« se fatigue, votre main tremble, reposez-
« vous, grand-père ; reposez-vous c'est à
« moi, maintenant, de travailler pour deux,
« et nos parties fines du dimanche, *c'est*
« *moi qui les paierai...*

Michel accentua ces derniers mots avec une expression de triomphe si ingénue, la suprême ambition de cet aimable enfant prouvait tellement l'excellence de son cœur, que Catherine, de plus en plus émue, au récit de cette vie simple, digne, laborieuse, honnête, ne put résister davantage à l'ineffable bonheur d'embrasser son fils pour la première fois.

— Au nom de votre mère, — murmura la courtisanne, fondant en larmes délicieuses, — permettez-moi de vous embrasser... cher... cher enfant.

Et, sans attendre la *permission* de Michel, elle saisit sa tête entre ses deux mains, et couvrit son front et ses cheveux de baisers passionnés.

Un violent et significatif accès de toux du père Laurencin, dont madame de Morlac comprit l'intention, vint la rappeler à elle-même, et presque au même instant, il rentra dans le salon, ainsi que le cousin Roussel...

Tous deux avaient pleuré, en écoutant l'entretien du fils et de la mère. Celle-ci, à l'aspect du vieillard, reprit son sang-froid et s'éloigna de Michel, non moins surpris que touché des caresses de l'étrangère.

Le retour du vieil artisan annonçait à Catherine la fin de son entrevue avec son fils, son cœur se déchira; mais elle devait se résigner.

Tout-à-coup, la porte du salon s'ouvrit, et Fortuné Sauval entra précipitamment, pâle, les traits bouleversés. Puis, avisant le cousin Roussel et le père Laurencin, il s'écria :

— Oh! mes amis... Aurélie! si vous saviez... c'est affreux... affreux!

Et Fortuné cacha son visage entre ses deux mains, et tomba sur un siége.

XLVI

A ces mots sans suite, prononcés d'une voix entrecoupée par l'orfèvre : — mes amis... Aurélie... Oh! c'est affreux... affreux! — le cousin Roussel et le père Laurencin, pressentirent quelque sinistre évènement. Le vieillard, profitant de la surprise générale, causée par les paroles et la brusque apparition de l'orfèvre, dit tout bas à Michel, afin de mettre terme à son entrevue avec Catherine.

— Va m'attendre à la maison, je ne tarderai pas à rentrer.

— Oui, grand-père; — et se ravisant, Michel ajouta : — Est-ce que je ne dois pas dire adieu à cette bonne dame, et la remercier encore ?

— Je la remercierai pour toi, va mon enfant, je te rejoins bientôt.

— Bien, grand-père, à tout à l'heure.

Et il sortit.

La courtisanne, malgré l'étonnement causé par la soudaine arrivée de Fortuné Sauval, n'avait pas quitté Michel du regard, lorsqu'elle le vit quitter le salon, elle ne put contenir un gémissement étouffé, elle fit même involontairement un pas pour le suivre, mais un regard menaçant du vieillard la retint clouée à sa place.

— Hélas ! — pensait Catherine, — peut-être ne me sera-t-il plus permis de revoir mon fils ! Oh ! à cette idée, tout se désespère, tout se révolte en moi ! Je ne sais qui me tient de courir sur ses traces... de lui dire : je suis ta mère... viens, fuyons... mais que répondre... Lorsqu'il me demandera pourquoi je l'enlève à l'affection de son grand-père qu'il aime, qu'il doit aimer si tendrement ? Que répondre... lorsqu'il me demandera pourquoi je passais pour morte ?... Que répondre, lorsqu'il me demandera pourquoi je l'ai abandonné depuis son enfance ? Mentir ! toujours mentir ! devant mon fils ? Impossible ! sa candeur et la honte feraient expirer le mensonge sur mes lèvres... Et puis... je suis mère... vraiment mère... Je l'aime plus encore pour lui que pour moi, et je le sens, ce serait un crime de le séparer de ces gens éprouvés qui l'ont élevé dans l'amour du juste, du bien et du travail. Je voudrais leur disputer mon fils ! Que suis-je donc, moi ? Hélas ! je suis une malheureuse courtisanne repentie, dont la conversion date de trois jours à peine et si Michel savait jamais mon opprobre... Oh ! je frissonne, en me rappelant ses paroles de mépris pour ce qui est coupable et indigne... Non, non, je subirai jusqu'à la fin l'expiation du passé !

Madame de Morlac, absorbée dans ces pénibles réflexions, restait étrangère à ce qui se passait autour d'elle.

Le cousin Roussel, voyant Fortuné tomber pâle, défait, accablé sur un siége, s'était approché de lui avec inquiétude, ainsi que le père Laurencin, aussitôt après le départ de son petit-fils.

— Fortuné... mon ami... Qu'est-il arrivé? — disait Joseph au jeune artiste qui semblait en proie à une sorte d'égarement; — de grâce... réponds moi... Tu parles d'Aurélie... ta pâleur, ton agitation m'effrayent...

Mais Fortuné, apercevant madame de Morlac, que dans son trouble il n'avait pas encore remarquée, s'écria, en allant à elle d'un air presque menaçant :

— Madame, votre empire sur M. de Villetaneuse a rompu ses projets de mariage avec mademoiselle Jouffroy... Il faut que ce mariage se renoue, il faut qu'il se fasse!

— Que dites-vous ? — s'écria la courtisanne stupéfaite de ce revirement, et effrayée de l'expression menaçante des traits et de l'accent de l'orfèvre. — Monsieur... je... ne...

— Il faut que le comte de Villetaneuse épouse mademoiselle Jouffroy, — reprit Fortuné en frappant du pied, — sinon, j'apprends à votre fils... quelle méprisable créature vous êtes!

— Oh! monsieur, grâce! — murmura la

courtisanne avec épouvante, en levant ses mains jointes et suppliantes vers Fortuné.
— Grâce...

— Non, pas de grâce, — reprit Fortuné, — pas de grâce... si M. de Villetaneuse n'épouse pas Aurélie.

— Mon Dieu! mon Dieu! — dit Catherine pleurant et s'appuyant chancelante à l'angle d'un meuble; car, à la seule pensée de la révélation dont on la menaçait, elle se sentait défaillir.

Le cousin Roussel et le père Laurencin contemplaient Fortuné avec un redoublement de stupeur, croyant à la complète aberration de son esprit.

— Mon ami, — dit Joseph en prenant les deux mains de Fortuné dans les siennes, — reviens à toi... écoute-moi... je...

L'orfèvre, interrompant le cousin Roussel, le regarda fixement et lui dit avec un sanglot étouffé.

— Savez-vous ce qui est arrivé?
— Tu m'effrayes.
— Aurélie s'est empoisonnée.
— Oh! c'est horrible, — s'écria Joseph non moins terrifié que le père Laurencin,

— malheureuse enfant! mais quand... mais pourquoi s'est-elle empoisonnée! Mon Dieu! lui a-t-on porté des secours? Est-elle sauvée! elle est donc sauvée, puisque tu parles de ce mariage.

— Laissez-moi... je n'en sais rien... ma tête se perd... j'en deviendrai fou... Oh! c'est trop souffrir! c'est trop!..

Devant la violence d'un pareil désespoir, le cousin Roussel et le vieil artisan se turent; la courtisanne, malgré ses angoisses maternelles, se sentit aussi appitoyée sur le sort de Fortuné Sauval, et pendant quelques instants, un morne silence régna parmi ces divers personnages.

Ce silence, et l'appaisement de la première effervescence de sa douleur, rappelèrent peu à peu le jeune artiste à lui-même. Il passa ses deux mains sur son front brûlant, et reprit bientôt d'une voix affaiblie, en s'adressant au vieillard et au cousin Roussel qui le regardaient avec compassion.

— Excusez-moi, mes amis... Tout à à l'heure je n'avais plus la tête à moi, je ne pouvais répondre à vos questions. Voici ce qui s'est passé : l'on a du moins, grâce à Dieu, l'espoir de sauver Aurélie; elle a été secourue à temps.

— Ah! je respire, — dit Joseph, — pauvre enfant! mais cette sinistre résolution, à quoi l'attribuer?

— A quoi? — reprit Fortuné avec une sombre amertume, — à l'amour d'Aurélie pour M. de Villetaneuse, aux lamentations de ma tante, répétant sans cesse que la rupture de ce mariage annoncé à toutes les connaissances de la famille, la couvrirait de ridicule!

— Ah! — dit tristement le cousin Roussel, — je comprends tout maintenant!

— La rupture de ce mariage m'avait d'abord comblé de joie, — reprit Fortuné, — j'aimais tant! j'aime tant Aurélie!! j'espérais la voir revenir à moi; mais, jugez de ma douleur, de mon effroi, lorsque ce soir...

Et Fortuné, suffoqué par l'émotion, s'interrompit un moment, puis il reprit :

— Lorsque ce soir j'ai appris qu'elle aimait si passionnément cet homme;

qu'elle a voulu se tuer parce que ce mariage était rompu...

— Mon Dieu ! mais comment as-tu été instruit de ce triste évènement ?

— Malgré le bonheur que me causait cette pensée : Aurélie est libre... de vagues pressentiments me tourmentaient ; je songeais au chagrin que devait lui causer la rupture de ce mariage ; enfin, mon inquiétude s'accroissant, je me rends tantôt chez mon oncle, afin de demander à Marianne des nouvelles de sa sœur... Je me croise dans l'atelier avec le domestique qui descendait effaré : «— Ah ! monsieur Fortuné ! me dit-il : — « Quel malheur ! mademoi-
« selle Aurélie s'est empoisonnée avec du
« vert-de-gris ; elle se l'est procuré en
« mettant depuis hier des gros sous tremper
« per dans du vinaigre. Je cours chercher
« le médecin. »

— Pauvre mademoiselle Aurélie ! — dit le père Laurencin, tandis que Catherine prêtait une oreille attentive à ce récit.

— Je monte en hâte, — reprit Fortuné ; — je sonne : une servante en larmes vient m'ouvrir. Je la prie de dire à Marianne que je suis là, que je la supplie de venir un instant. Bientôt elle accourt, et m'apprend que la surveille, Aurélie, instruite de la rupture de son mariage, avait éprouvé une faiblesse ; on l'avait mise au lit. Elle avait absolument voulu rester seule dans sa chambre, les volets fermés quoiqu'il fît jour. Marianne dut aller passer la nuit près de sa tante Prudence, Aurélie s'opposant à ce que personne la veillât. Mais au moment où sa sœur la quittait, elle lui demanda une fiole de vinaigre, afin, disait-elle, d'en respirer quelques gouttes si elle retombait en faiblesse ; l'eau de Cologne lui semblait trop fade.

— Malheureuse enfant, sa résolution était déjà prise, — dit le cousin Roussel, tandis que madame de Morlac redoublait d'attention.

— Marianne, l'excellente créature ! — poursuivit Fortuné ; — Marianne resta la nuit tout entière sur une chaise, dans le corridor où s'ouvre la porte de la chambre de sa sœur, prêtant l'oreille au moindre bruit : elle n'entendit rien. Le jour venu, elle supplia Aurélie de lui permettre d'entrer chez elle, et la trouva calme en apparence, mais très pâle. Elle avait passé une assez bonne nuit, disait-elle, mais se trouvait encore faible, et désirait ne pas quitter son lit ni voir le jour, prétextant une grande envie de dormir. En effet, toute la journée, elle parut sommeiller ; ses parents entr'ouvrirent plusieurs fois sa porte, ils crurent qu'elle reposait. Cependant, vers le soir, la tante Prudence insista pour qu'on allât chercher le médecin. Lorsque madame Jouffroy annonça cette visite à Aurélie, elle refusa de la recevoir, demandant en grâce qu'on la laissât tranquille : elle se trouvait bien ; et, afin de le prouver, prétendit avoir faim, se fit servir un potage, en prit quelques cuillerées, pour détourner les soupçons. Cette nuit s'écoula comme l'autre, calme en apparence. Ce matin, Marianne entra chez Aurélie, qui l'embrassa tendrement, et lui dit presque gaîment : « Petite sœur, « j'ai passé une très bonne nuit ; je veux « dormir encore, mais viens me réveiller « tantôt, sur les quatre heures, n'y man- « que pas. » Enfin, — ajouta Fortuné avec

un accent déchirant, — à quatre heures Marianne va trouver Aurélie. Celle-ci la fait approcher de son lit, puis, l'attirant à elle et l'embrassant avec une force convulsive : — « Petite sœur, ouvre les volets, et
« va vite appeler mon père, ma mère, ma
« tante. Je désire vous voir tous avant de
« mourir ; je n'ai pas voulu survivre à la
« rupture de mon mariage avec M. de Vil-
« letaneuse. »

— Quel amour ! — dit le cousin Roussel.

— Marianne, épouvantée, court aux volets, les ouvre ; elle voit Aurélie livide, et bientôt en proie à d'horribles convulsions, — poursuivit Fortuné d'une voix altérée. — Marianne appela la famille à grands cris. Le médecin arrive, et, malgré la violence du mal, par cela même que les doses de poison étaient énormes, il espère, il est presque certain de sauver Aurélie. Maintenant, mes amis, écoutez-moi, — reprit Fortuné d'un ton plus ferme, — instruit par le père Laurencin que la mère de Michel serait chez vous ce soir, je suis accouru en hâte pour la forcer d'user de son empire sur M. de Villetaneuse, afin qu'il épouse Aurélie ; sinon, mon Dieu! à peine arrachée à la mort, elle attenterait encore à ses jours. Ah! malheur à moi, malheur à moi!... mon égoïste amour a causé son désespoir! a failli déjà la tuer!... Oh! si elle était morte! si elle mourait!... ce serait le remords de toute ma vie. — Et s'adressant à madame de Morlac d'un ton menaçant : — Vous m'entendez! Il faut que cette nuit, ce soir même, M. de Villetaneuse, sur qui vous avez une influence sans bornes, écrive à la famille Jouffroy, qu'instruit du malheur qui vient d'arriver, il la supplie de renouer ce mariage. Cette assurance peut rappeler Aurélie tout-à-fait à la vie! sinon, je vous le répète, je révèle à votre fils quelle femme vous êtes.

—Monsieur,— reprit la courtisane avec résignation, — vous avez mon secret, ma vie... entre les mains! J'obéirai! Oui, mon empire sur M. de Villetaneuse est sans bornes. Oui, j'en suis presque certaine, il renouera ces projets de mariage qui le sauvaient d'une ruine prochaine et inévitable. Oui, en me rendant chez lui à cette heure, je pourrai, je le crois, le décider à écrire à la famille Jouffroy, qu'instruit du malheur affreux dont elle est frappée, et dont il est involontairement cause, il la supplie de lui accorder la main de mademoiselle Jouffroy. Oui, je crois réussir à cela... Votre menace, monsieur, me ferait tenter l'impossible ! Je vous obéirai donc. Mais réfléchissez... Je connais M. de Villejaneuse ! Ce mariage fera le malheur de votre cousine...

— Cette femme a raison, — reprit le cousin Roussel, — songe que le comte n'a pas hésité à renoncer à cette union, et si maintenant il la contracte, quelle garantie de bonheur apporte-t-il à Aurélie ! Prends garde ! Tu vas en ce moment décider de son avenir ! Prends garde !

La gravité, la justesse de ces paroles, frappèrent le jeune orfèvre. Livré à des hésitations remplies d'angoisses, il garda pendant un moment le silence, et reprit.

— Mais, mon Dieu ! Aurélie l'aime avec passion, cet homme ! Elle a voulu se tuer... Elle est capable de tenter un nouveau suicide... et cet horrible évènement serait mon désespoir éternel ! Non, non, qu'elle vive ! qu'elle épouse cet homme ! Que leurs destinées s'accomplissent !

— Et si cette destinée doit être funeste, — s'écria Joseph avec anxiété. — Quelle terrible responsabilité pèsera sur toi !

— Et si Aurélie se tue ! ne sera-t-elle pas plus terrible encore, la responsabilité qui pèsera sur moi ?

Puis, voulant mettre fin à ce débat dont il était navré, il dit à la courtisanne :

— Partez sur l'heure. Il faut que ce mariage se fasse !

— J'obéis, — répondit Catherine ; — mais, si votre désir est satisfait, ne me sera-t-il pas permis de voir encore mon fils ?

— Le grand-père de Michel vous répondra. Mais partez, partez ! Ne perdez pas un moment.

La courtisanne se tourna du côté du vieillard d'un air suppliant.

— Faites ce que désire M. Fortuné, reprit le père Laurencin, et vous reverrez encore votre fils.

Madame de Morlac quitta en hâte le salon et se rendit chez le comte de Villetaneuse.

XLVII

Environ six semaines après la tentative de suicide d'Aurélie Jouffroy, *S. A. S.* Monseigneur le prince *Charles-Maximilien*, rentrait dans l'une des voitures de la cour, au palais de l'Élysée-Bourbon, mis ordinairement, par le roi des Français, à la disposition des membres des maisons souveraines qui venaient passagèrement habiter Pris.

Le prince laissa dans leur salon de service, les aides de camp qui l'accompagnaient, et entra seul dans sa chambre à coucher, où l'attendait M. *Müller*, son premier valet de chambre, serviteur éprouvé, digne à tous égards de la confiance illimitée de son maître.

Il était environ dix heures du soir. Charles-Maximilien, vêtu de noir, portait au cou le collier d'or et d'émail de la Toison-d'Or, et sur son gilet blanc, le grand cordon rouge de la Légion-d'Honneur, dont la plaque, enrichie de diamants, étincelait au côté gauche de son habit. L'Altesse sérénissime trouvait de bon goût de se parer des insignes d'un ordre français (parmi tous ceux qu'il possédait) lorsqu'il assistait en France à quelque cérémonie.

Charles-Maximilien, âgé d'environ trente-six ans, d'une figure régulière, gracieuse et martiale, d'une taille élevée, d'une tournure élégante, était, nous l'avons dit, un homme fort séduisant.

Lorsque la porte de sa chambre à coucher fut fermée, le prince marcha de long en large avec agitation. Après avoir remis ses gants et son chapeau à M. Müller, qui suivait d'un regard respectueux, mais attentif, les évolutions de son maître, celui-ci au bout de cinq minutes de silence, s'écria :

— C'est décidé ! nous partirons demain pour l'Allemagne.

— Votre Altesse voudra bien, en ce cas, me donner ses ordres ?

— Oui, car plus j'y réfléchis, plus ce départ me semble sage, prudent et habile. D'ailleurs, je ne saurais me contraindre, et ce serait compromettre l'avenir... Je partirai donc, que veux-tu ? Je bats en retraite devant l'ennemi ! mon pauvre Müller, mais dans l'espoir de prendre plus tard l'offensive. J'imite en cela l'habituelle et savante tactique de feu mon glorieux cousin l'archiduc Charles.

Et après un moment de silence le prince ajouta en soupirant :

— Quelle adorable créature que cette jeune comtesse ! Ah ! Müller, je suis véritablement amoureux cette fois !

— Votre Altesse me permettra de le lui dire, *cette fois-là*, s'est déjà rencontrée plusieurs fois.

— Non, car jamais, je te le répète, mes yeux n'ont admiré beauté plus idéale ! dix-huit ans ! une perle ! un trésor de jeunesse, de grâce et de candeur ! Oh ! Müller, qu'elle était belle sous sa virginale parure de fiancée ! Oui, ce soir je l'ai trouvée plus adorable encore qu'avant-hier, jour de la signature de son contrat. Quelle heureuse inspiration le comte de Villetaneuse a eue de me choisir pour témoin de son mariage ; Müller, crois-moi, ceci est grave, très grave, je ressens ce que je n'ai jamais éprouvé. Cet amour est aussi soudain que profond... j'en suis effrayé !

Et après un nouveau silence, l'altesse s'adressant à son honnête serviteur ;

— Tu m'as souvent rendu de grands services en pareille circonstance. Je compte sur ton dévouement, sur ta discrétion, sur ton intelligence accoutumés ; Résumons-nous : as-tu bien réfléchi à mon projet ? l'as-tu mûri ? l'as-tu étudié sous toutes les faces ? le trouves-tu réalisable ? Eclos, improvisé, dans la nuit d'hier, après ma première rencontre avec cette ravissante jeune femme, il peut offrir des objections, de grandes difficultés ; s'il en est ainsi, parle-moi sincèrement, nous le modifierons !

— La seule objection, Monseigneur, objection capitale, est celle-ci : Malgré mon dévouement aux ordres de votre Altesse, et ma résolution de mener la chose à bonne fin, il se pourrait que M. le comte de Villetaneuse ne m'agréât point parmi ses domestiques.

— C'est juste... et si ta crainte se justifie, nous tâcherons d'aviser. Mais, j'ai tout lieu de croire, grâce à la puissante recommandation de mon ami, le duc de Manzanarès (car le comte doit surtout ignorer que tu sors de chez moi, puisque heureusement tu étais absent lors de son voyage en Allemagne,) j'ai tout lieu de croire, dis-je, que grâce à la recommandation du duc, tu feras partie de la maison du comte qu'il veut, m'a-t-il dit, monter sur un grand pied, or, une fois introduit chez lui...

— Le reste, Monseigneur, va de soi...

— Ainsi, mon projet te paraît praticable?

— Oui Monseigneur, la mission est difficile, délicate, épineuse, mais, avec de la persévérance, de l'adresse et du temps...

— Quant à cela, tu seras seul juge de l'opportunité de... mais à quoi songes-tu?

— Votre Altesse n'a plus à se préocuper

de cette hypothèse : que je pourrais ne pas être reçu au service du comte, en ce cas-là, j'ai un moyen assuré de toujours arriver à mon but.

— Je te crois, je ne t'interroge même pas sur le moyen dont tu parles. Je connais ton prodigieux esprit de ressources.

— Il est entendu qu'à un moment donné Monseigneur, j'aurai *carte blanche* ?

— Oui, sans cependant outre-passer certaines limites, souviens-toi que nous sommes en France et non dans les États de mon frère.

— Que votre Altesse se rassure.

— C'est que parfois tu vas... un peu loin.

— Monseigneur fait allusion à l'aventure de la fille de ce bourguemestre?

— Justement ?...

— Mais, ainsi que votre Altesse me l'a fait remarquer très judicieusement : nous sommes ici en France, et c'est autre chose.

— Tout autre chose... encore une fois, ne l'oublie pas.

— Non, Monseigneur, je serai prudent,

tout réussira, ayez confiance en votre étoile d'abord... et ensuite dans mon vif désir de bien servir votre Altesse !

— Ah ! Müller... puisse cette confiance ne pas t'abuser ! si tu savais combien la comtesse est belle ! quel éclat ! quelle fraîcheur ! quelle fleur de jeunesse et d'innocence ! Et puis, un son de voix si doux, un regard si ingénu, si timide ! la timidité, charme divin auquel les femmes de cour ne m'ont guère habitué ! Je n'ai adressé que deux fois la parole à cette ravissante enfant, car c'est vraiment une enfant... il fallait voir son trouble enchanteur, tandis que sa mère, une grosse et grande diablesse de femme, de la taille d'un de mes grenadiers disait, suffoquée d'orgueil à un bonhomme placé derrière elle, son mari sans doute : « Son Altesse parle à notre fille ! » — Il y avait dans ces seuls mots, dans leur accent, une joie si triomphante, si burlesque, que, Dieu me damne ! j'aurais embrassé cette belle enfant, que la mère se fût écriée plus triomphante encore : son Altesse embrasse ma fille !

— Monseigneur, je noterai cette mère-là sur mes tablettes. Elle peut être une auxiliaire sans le savoir ; ce sont les meilleurs.

— Quant au comte, si je ne savais pas quel homme c'est, je n'aurais conçu aucune espérance, je t'ai d'ailleurs suffisamment édifié sur lui...

— D'après les renseignements de votre Altesse, je le connais... comme s'il m'avait emprunté de l'argent !

— Je t'ai dit aussi ce que c'était que son oncle, le marquis...

— Il vendrait son âme à Belzébuth, si Belzébuth savait quoi faire d'une pareille âme. Je serai sur mes gardes.

— Tu agiras sagement, ce vieux drôle est très-fin, très pénétrant, très roué. Ah ! Müller ! lui, son neveu ! quel détestable entourage pour cette jeune femme !

— Au contraire, Monseigneur, ils feront la moitié de ma besogne !

— Ton observation est juste, elle m'encourage ! Ah ! je le sens aux battements de mon cœur, à mon impatiente ardeur, à la mélancolie que me cause ce départ, mélancolie non sans charme, parce que l'espérance l'adoucit! oui, je le sens, je n'ai que vingt ans! ou plutôt, je suis amoureux comme à vingt ans! l'amour me rajeunit. Combien les jours, les mois vont me durer, loin de cette adorable comtesse! quel supplice! et pourtant, il me faut partir, il le faut... Je ne serais pas maître de moi, mon secret viendrait de mon cœur à mes lèvres, si je revoyais à présent la comtesse. Je ne me reconnais plus, te dis-je, je suis fou!...

— Au jour de son triomphe, votre Altesse retrouvera sa raison.

— Le dieu des amours t'entende! mon pauvre Müller.

— Ce dieu n'a jamais été sourd aux prières de votre Altesse. Cette fois encore, il lui sera favorable. Mais, avant de quitter Paris, Monseigneur ne laissera-t-il pas une preuve de souvenir à madame la comtesse, en manière de pierre d'attente? Ceci me semblerait indispensable. J'ai mes motifs pour insister là-dessus auprès de Monseigneur.

— Rien de plus simple, il m'est permis,

en ma qualité de témoin du mariage de la comtesse, de lui offrir une marque de souvenir. Mais, d'ici à demain, que choisir ? La délicatesse, le bon goût, exigent que ce présent soit plus précieux par le travail que par la matière, et je ne sais...

— Monseigneur, pourquoi ne pas offrir à madame la comtesse, cette magnifique coupe d'or émaillée, un des chefs-d'œuvre de l'orfèvre Fortuné Sauval ? La valeur vénale de cet objet d'art, m'a dit votre Altesse, est au plus de deux ou trois mille francs, et il en a coûté douze mille en raison de son admirable travail.

— Ma coupe d'or ! mon bijou de prédilection ! cette merveille que Benvenuto Cellini eût enviée...

Et, après un moment de réflexion :

— Justement le prix que j'attache à ce chef-d'œuvre, me fait un devoir de l'offrir à la comtesse.

— Ah ! Monseigneur, si la comtesse pouvait vous entendre... que dis-je, elle vous entendra !

— Comment ?

— Je sèmerai, votre Altesse récoltera.

— Müller, tu es impayable! demain j'enverrai la coupe à la comtesse, par mon premier aide-de-camp, avec un billet d'adieu,

. . . .

— Ah! — dit Charles Maximilien à son honnête Mercure, lorsque celui-ci l'eût aidé à se mettre au lit : — Si je pouvais rêver d'elle!

XLVIII

Henri de Villetaneuse, avait loué et fait somptueusement décorer et meubler, un hôtel situé au faubourg Saint-Germain, rue *Vanneau;* le rez-de-chaussée se composait des salons de réception et de la salle à manger; le premier étage était destiné aux deux nouveaux mariés. M. et madame Jouffroy devaient occuper un entresol fort bas de plafond, et qui, selon le mode de construction adopté pour beaucoup d'anciens hôtels, séparait le rez-de-chaussée du premier étage, au-dessus duquel se trouvaient les combles et les chambres des domestiques.

Après la bénédiction du mariage qui

eut lieu à l'aristocratique chapelle du Luxembourg, toute la famille était venue habiter pour la première fois, l'hôtel de la rue Vanneau.

Le lendemain matin, M. et madame Jouffroy, déjà levés et habillés, s'entretenaient ainsi dans leur chambre à coucher, où ils avaient fait transporter les meubles de leur ancien appartement.

— Et toi? — disait madame Jouffroy à son mari, — as-tu bien dormi?

— Comme ça, Mimi... comme ça... Tu comprends... l'émotion d'un si grand jour... et puis... cet entresol est très bas, et tu sais que j'aime beaucoup l'air... je crois bien qu'ici j'étoufferai un peu, mais, bah! nous sommes avec Fifille, c'est l'essentiel.

— Ne vas-tu pas regretter ta rue du Montblanc, à présent que nous voici dans le faubourg Saint-Germain... Le noble quartier, comme dit ce cher M. le marquis.

— Je ne regrette pas notre ancien logement; je suis même content de n'y plus demeurer, car, après le départ de ma sœur, je ne pouvais passer devant la porte de sa chambre sans serrement de cœur, et c'était pis, cent fois pis, quand en passant devant la chambre de nos filles, je me rappelais cet horrible jour, où Aurélie, quasi mourante...—et tressaillant à ce lugubre souvenir : — Ah ! c'est affreux quand on pense à cela.

— A qui le dis-tu ? — reprit madame Jouffroy, dont les yeux devinrent non moins humides que ceux de son mari.

— Ah ! ça été un évènement bien déplorable, sans parler de ses conséquences, — reprit en soupirant l'ancien commerçant... — car enfin, voyant à quel point Aurélie aimait M. de Villetaneuse, regardant dès-lors le mariage comme certain, tu n'as pas voulu me permettre d'aller aux informations sur la fortune de notre gendre, et...

— Allons ! encore cette idée-là ! Est-ce que Richardet ne t'avait pas dit que le marquis et son neveu pouvaient, s'ils l'avaient voulu, évaluer leur fortune à plus d'un million.

— C'est vrai, Richardet connaît leurs affaires, je devais l'en croire, mais enfin...

— Mais enfin... quoi? Il fallait, n'est-ce pas, aller aux informations de tous côtés? risquer que cela vînt aux oreilles du marquis ou de notre gendre; blesser ainsi leur délicatesse, leur faire rompre le mariage encore une fois, désespérer Aurélie... et la pousser une seconde fois... à...

— Oh! tais-toi, ma femme, tais-toi, c'est à faire frémir...

— Je le crois bien, car enfin, admettons ce qui n'est pas, ce qui ne peut pas être... Oui, supposons que M. de Villetaneuse, comme le disait cette mauvaise langue de M. Roussel, eût été ruiné, que nous en ayons eu la preuve, est-ce que, malgré cela, nous ne lui aurions pas donné notre fille? plutôt que de la voir mourir de chagrin.

— Grand Dieu! je le crois bien...

— Il valait donc mieux nous en tenir aux renseignements de Richardet, qui méritaient toute confiance, et ne pas nous exposer à provoquer une nouvelle rupture par des démarches choquantes pour l'amour-propre de MM. de Villetaneuse.

— Tu as peut-être raison, cependant...

— Que tu es donc insupportable avec

tes si et tes mais! est-ce que le jour de la signature du contrat, M. le marquis n'a pas remis à son neveu, quatre cent mille francs en beaux et bons billets de banque, dans un portefeuille à ses armes, en lui di-
« sant : Mon neveu, je te ferai attendre le
« restant de mon héritage le plus longtemps
« possible ? » Tu l'as vu ? tu l'as entendu ?

— Distinguons, Mimi, distinguons, j'ai entendu M. le marquis dire cela, c'est vrai, j'ai vu le gros portefeuille qu'il a remis à notre gendre, c'est encore vrai ; mais je n'ai point vu dutout ce qu'il y avait dedans le portefeuille.

— Quoi! Vous n'avez pas honte d'une pareille défiance!

— Dam... non...

— Taisez-vous, c'est indigne.

— Mais, Mimi...

— C'est comme pour la terre de Montfalcon, en Dauphiné, estimée quatre cent mille francs, vous n'avez pas eu de cesse que vous ayez écrit au régisseur : qu'est-ce qu'il vous a répondu ?

— Que la terre était évaluée environ

quatre cent mille francs, et appartenait à M. le comte Henri de Villetaneuse.

— Hé bien ! c'est clair, je crois ?

— Oui, mais il pouvait y avoir des hypothèques, et tu m'as défendu de...

— Laissez-moi tranquille, vous rabâchez toujours la même chose ; ce qui est fait est fait, notre fille est mariée, elle est aux anges... que voulez-vous de plus ?

— A la bonne heure, Mimi, à la bonne heure, je ne me plains pas, ce n'est pas l'intérêt qui me guide ! Bon Dieu du ciel ! lorsque j'ai vu Aurélie mourante, j'aurais donné jusqu'à mon dernier sou pour la sauver. Mais enfin, il nous reste, tout compte fait, cent quatre vingt mille francs...

— Ne nous voilà-t-il pas bien à plaindre? Notre pension et notre logement chez notre gendre nous coûteront six mille francs par an !

— Je ne dis pas ça pour moi, mais il me serait pénible de te voir te priver de quelque chose, ma pauvre Mimi... car enfin, quoique Prudence ait assuré tout ce qu'elle possède à Marianne, nous ne pouvons sans injustice criante, donner moins de cent mille francs à Marianne si elle se marie.

— Ne t'occupe pas de cela... Il y a par fois de bons coups à faire à la Bourse.

— Jouer à la Bourse ! ah ! mon Dieu ! qu'est-ce que tu dis là... j'en ai la chair de poule. Jouer à la Bourse ! Est-ce que tu aurais la pensée de...

— Allons, te voilà tout ahuri.

— Il y a bien de quoi ! bonté divine ! Jouer à la Bourse ! c'est un jeu comme un autre, on peut s'y ruiner en un tour de main ! Comment ! toi toujours si prudente en affaires, toi qui autrefois épluchais si rigoureusement nos placements, préférant un intérêt modique, mais certain, tu voudrais...

— Je veux que tu ne te mettes pas martel en tête, à propos d'une parole en l'air, me prends-tu pour une écervelée capable de compromettre les capitaux qui nous restent?

— Dieu m'en garde ! Mimi, j'ai trop de confiance en toi pour cela, tes paroles me rassurent.

— C'est fort heureux.

— Tiens, à cette seule pensée de jouer à la Bourse, la sueur m'en était montée au front !

— En vérité, tu ne sais qu'inventer pour te tourmenter ; tu n'es jamais content de rien.

— Moi ! ah ! par exemple...

— Certainement ! Nous sommes au lendemain du mariage de notre fille, son bonheur est assuré, mais tu ne sais qu'imaginer pour attrister ce beau jour ! Tu vas chercher midi à quatorze heures : tu étoufferas dans cet entresol, tu regretteras ceci, cela...

— Dam ! je peux bien dire que ne vivant plus chez nous, mais chez notre gendre, il y a quelques petites choses que j regrette.

— Quoi donc ? je voudrais bien le savoir ? voilà qui est un peu fort !

— Non, non... quand je dis que je regrett ces choses-là, c'est une façon de parler.

— Voyons, que regrettez-vous ? aye donc le courage de le dire ?

— Allons, Mimi, ne te fâche pas, nou

causons : Hé, bien, par exemple, j'étais habitué à la cuisine de Jeannette, il y avait des petits plats dont j'allais surveiller la confection, cela m'amusait; or, tu penses bien que je ne me permettrais pas d'aller fourrer mon nez dans la cuisine de notre gendre.

— Pardi ! ni moi non plus, tandis qu'il me fallait toujours être sur les talons de Jeannette. Elle avait des qualités, mais c'était un bourreau pour le beurre !

— Je ne dis pas non, mais elle cuisinait fièrement à mon goût, et elle n'avait pas sa pareille pour les pieds de mouton à la poulette, mon régal.

— N'allez-vous pas maintenant vous plaindre de la table de notre gendre, qui a un chef et deux aides de cuisine.

— Ce qui, par parenthèse, doit lui coûter gros, et le reste de la maison est à l'avenant.

— Ce sont ses affaires, et non les nôtres.

— A la bonne heure, Mimi, tu ne peux pas me faire un crime de préférer la cuisine bourgeoise à la cuisine du grand genre. Et puis, il y a encore une chose...

— Allons, quoi encore ?

— J'aimais à mettre moi-même mon vin en bouteilles, ça passait le temps, et de la sorte mon vin n'était jamais baptisé. Je sais bien qu'après cela, je pourrai proposer à notre gendre, si toutefois ça lui est égal, de me charger de...

— De mettre son vin en bouteilles, peut-être ?

— Pourquoi pas ?

— Ma parole d'honneur, je ne sais pas à quoi vous rêvez... faire une pareille proposition à notre gendre ! vous êtes donc fou ?

— Tu crois que...

— Je crois que c'est tout bonnement absurde !

— Très bien, Mimi, très bien, c'est entendu, je n'en soufflerai pas mot à notre gendre. — Et souriant avec bonhomie : — Voyons, que je vide mon sac aux regrets, afin que ce soit fini, et que je ne t'impatiente plus.

— Achevez, achevez...

— Il y avait encore ce pauvre *Coco*...
— Quel Coco ?
— Coco, notre cheval. Il paraît qu'il n'était pas beau, quoiqu'il nous ait coûté sept cent francs ; car, lorsque je l'ai montré à M. le comte, quand il venait nous voir, rue du Mont-Blanc, il s'est mis à rire.

— Je crois bien, l'attelage de la voiture de noces d'Aurélie a coûté huit mille francs, m'a dit notre gendre, et il a acheté pour lui deux chevaux de selle du même prix.

— Seize mille francs ! rien que pour les chevaux ! sans compter les voitures et les harnais, c'est fièrement salé ! Mais, pour en revenir à Coco, il me connaissait, je descendais tous les matins à l'écurie pour lui porter des croûtes de pain, dès que j'entrais, il dressait les oreilles, il hennissait, il frappait du pied, et la pauvre bête me léchait les mains. Pourvu que dans la maison où il est, il soit aussi heureux que chez nous... ! Enfin, je passais encore une petite demi-heure à l'écurie avec Coco, ça m'amusait... or, tu dois penser, que pour rien au monde, je ne m'aviserais d'entrer dans l'écurie de notre gendre, et de m'approcher de ses grands scélérats de chevaux anglais, qui sont si fougueux, qu'hier, je mourais de peur en te voyant monter, avec fifille, dans sa belle voiture neuve.

— Heim! le fringant équipage, avec des armes et une couronne sur la portière. Dieu! les belles armes! Il y a comme trois espèces de petits crapauds d'or sur un fond rouge.

— Je n'ai point remarqué, Mimi, quelles bêtes c'étaient; mais, ce qu'il y a de certain, c'est que lorsque ce pauvre Coco était attelé à notre calèche, je vous y voyais monter sans crainte, toi et mes deux filles.

Puis la figure de cet excellent homme s'attrista de nouveau si visiblement, que sa femme s'en aperçut, et lui dit impatiemment :

— Allons, à quoi encore est-ce que vous pensez?

— A Marianne. Cette chère enfant...

— Hé bien! Marianne?

— Elle n'a pas assisté au mariage de sa sœur. Je sais que, boiteuse comme elle est, elle aurait mal figuré avec sa canne, au milieu de tout ce beau monde. Cependant, ça me serrait le cœur de ne pas la voir là, non plus que ma sœur, et mon vieux Roussel...

— Comment ! M. Roussel, qui s'est montré si insolent envers M. le marquis, vous auriez voulu le voir assister à ce mariage !

— Passe encore pour Roussel ; mais ma sœur, mais Marianne ?

— Votre sœur n'a-t-elle pas déclaré formellement, avec sa gracieuseté ordinaire, qu'elle n'assisterait pas à la noce ? Et, quant à Marianne, ne lui ai-je pas dit : « Mon enfant, si tu veux venir au mariage « de ta sœur, je te ferai faire une jolie toi- « lette ; mais, moi, à ta place, vu ton infir- « mité, j'aimerais mieux ne pas paraître à « la cérémonie. Tu feras d'ailleurs, à cet « égard-là, ce qui te conviendra. »

— Elle aura craint de nous humilier, à cause de son infirmité.

— Ça n'empêche pas qu'elle pouvait assister au mariage, si cela lui eût convenu. Certes, je ne rougirai jamais de Marianne ; mais, après tout, pour elle-même, elle a tout aussi bien fait de ne pas venir, elle aurait été trop honteuse de se trouver en si belle société! Hum! quand on songe que l'un des témoins de notre gendre était un duc, et l'autre un prince, une altesse!!!

— Quant à cela, le prince avait aussi proposé à Fortuné d'être son témoin... pauvre garçon !

— Mon Dieu! que vous êtes donc impatientant ce matin, avec vos jérémiades!

— Quelles jérémiades?

— Ce pauvre Coco, cette pauvre Jeannette, ce pauvre Roussel, cette pauvre Prudence, cette pauvre Marianne, ce pauvre Fortuné! Ah! quel pauvre homme vous êtes vous-même!

— Pour l'amour de Dieu! Mimi, ne te fâches pas! nous causons. Certes, je suis aussi flatté que toi que l'un des témoins du mariage de notre fille ait été une altesse.

— Sans compter que le prince a parlé deux fois à Aurélie.

— Je n'y ai pas fait attention.

— Je ne sais pas alors où vous aviez les yeux et ce à quoi vous songiez! Un prince parle deux fois à votre fille, et vous ne vous en apercevez seulement pas! Son Altesse est pourtant assez remarquable, pour qu'on fasse attention à lui.

— Remarquable ?... En quoi donc ?

— Comment, en quoi ? Mais, d'abord, c'est un très bel homme ; trente-six ans, tout au plus, et puis un air... enfin, un air d'altesse ;... puisque son frère est souverain en Allemagne. Je pourrai toujours dire que le frère d'un souverain en Allemagne a parlé deux fois à la comtesse, ma fille!

— C'est déjà bien joli comme ça! Fifille comtesse.

— Voilà-t-il pas ! Il y en a ma foi qui sont duchesses et princesses, qui sont loin de la valoir.

— Allons ! notre fille est comtesse, et cela ne satisfait point encore ton amour-propre ? Que diable veux-tu donc qu'elle devienne, maintenant ?

— Tenez, je ne sais pas sur quelle herbe vous avez marché ce matin, vous ne dites que des bêtises.

— A la bonne heure, — répondit avec

sa douceur et sa résignation accoutumée, M. Jouffroy, au moment où le maître d'hôtel de M. de Villetaneuse, après avoir frappé à la porte dit en s'inclinant :

— Je viens avertir monsieur et madame, que le dejeuner de madame la comtesse est servi.

— Comme ça vous a bon genre ! — dit madame Jouffroy à son mari, après le départ du maître d'hôtel. — « Le déjeuner » de madame la comtesse est servi ! » Tandis que cet imbécille de Pierre, nous criait de sa grosse voix : — c'est servi ! — ou bien : — la soupe est sur la table ! — Allons, vite, vite, — ajouta madame Jouffroy, — descendons déjeuner, ne faisons pas attendre notre gendre !

— C'est étonnant, — se disait monsieur Jouffroy, en suivant sa femme. — J'ai toujours si bon appétit le matin... Je n'ai pas faim du tout... Bah ! l'appétit vient en mangeant... mais c'est égal. Je n'ai pas osé avouer cela à Mimi, qui m'a fait m'habiller de pied en cap. Je regrette de ne pouvoir plus déjeuner en robe de chambre, comme autrefois chez nous, en famille, sans façon, en dégustant une vieille bouteille de sauterne avec mon pauvre Roussel. — Et M. Jouffroy, étouffant un soupir, ajouta : — Enfin, Fifille est heureuse...

XLIX

M. et madame Jouffroy, en sortant de leur entresol, rencontrèrent Henri de Villetaneuse, descendant du premier étage. Il baisa courtoisement la main de madame Jouffroy, et lui dit :

— Ma chère belle-mère, Aurélie désire vous voir, elle est chez elle, nous vous attendrons pour nous mettre à table.

Madame Jouffroy, se hâta d'aller rejoindre sa fille dans la chambre nuptiale, et au bout de quelques instants toutes deux se rendirent dans la salle à manger.

L'éclatante beauté d'Aurélie n'avait été en rien altérée par sa tentative de suicide; les joies de l'amour partagé, donnaient une expression nouvelle et charmante au traits de la jeune femme. Un joli bonnet de dentelles, cachait à demi ses magnifiques cheveux bruns, à reflets dorés ; elle portait un frais et élégant peignoir de la meilleure faiseuse. Elle embrassa tendrement son père, et prit place à table, entre lui et Henri de Villetaneuse. L'on commença de déjeuner. M. Jouffroy, se sentit très-embarrassé, cette réfection du matin, servie à la mode anglaise, selon la coutume d'un certain monde, se composait de viandes froides, d'œufs, de légumes, mais (toujours selon la coutume anglaise), l'on ne voyait point de vin sur la table. Il était remplacé par d'excellent thé, contenu dans une théière d'argent, accostée d'un pot au lait et d'un sucrier, placés à portée des convives, de sorte, que chacun pouvait à volonté remplir sa tasse. M. Jouffroy, considérant le thé comme une espèce de breuvage pharmaceutique, destiné au soulagement des indigestions, frémissait, à la seule pensée d'arroser d'une tasse de thé au lait une tranche de bœuf froid ; mais, n'osant souffler mot, il se résigna et déjeuna sans boire, quoiqu'il étranglât de soif, déjeuner fort léger d'ailleurs, composé d'un œuf à la coque, d'une tranche de bœuf et de jambon, émincées comme des feuilles de papier (toujours, selon la coutume anglaise) et de quelques cardons à la moëlle.

— Heureusement, je n'avais pas grand faim, — se disait M. Jouffroy, — mais, j'aurais de la peine à m'habituer à ce régime-ci...; le déjeuner était mon meilleur repas, et je m'en acquittais solidement... Enfin, du moins, nous déjeunons avec fifille.

Cette pensée était la consolation suprême et universelle de ce digne homme, lorsqu'il songeait à ses déconvenues.

Madame Jouffroy, douée d'un appétit non moins robuste que celui de son mari, trouvait aussi cette réfection peu substantielle; mais elle pensait qu'il était sans doute du bel air, de ne presque point manger le matin; or, la belle-mère d'une comtesse, doit nécessairement vivre en femme du bel air. Puis l'élégance raffinée du service, la splendeur de l'argenterie, les élégantes porcelaines, le luxe de la salle à manger, aux tentures cramoisies et aux boiseries de chêne rehaussées de moulures dorées, les soins prévenants du maître-d'hôtel et du valet de chambre du comte, faisaient oublier à madame Jouffroy son appétit.

Quant à Aurélie, elle mangeait comme une amoureuse heureuse, c'est-à-dire, environ comme un oiseau ; le comte accoutumé à ce régime, trouvait le déjeuner très suffisant.

Le valet de chambre et le maître d'hôtel étant par hasard sortis ensemble, pour les besoins de leur service, Henri se leva galamment, afin de changer l'assiette et le couvert de sa femme, puis se rasseyant, il lui dit gaîment :

— Je profite de mon reste, ma chère Aurélie..., car lorsque nous aurons un second valet de chambre, spécialement attaché à votre personne, il restera toujours derrière votre chaise, et je n'aurai plus le plaisir de vous offrir une assiette, ainsi qu'en ce moment.

— En ce cas, mon ami, — reprit la jeune comtesse ; — je ne suis pas très impatiente de voir arriver ce nouveau domestique.

— Vous êtes un ange, mais notre maître d'hôtel et mon valet de chambre, ne sauraient nous suffire... J'en cherche un second, qui sera, je vous le dis, particulièrement à vos ordres, — et s'adressant à madame Jouffroy ; — vous m'excusez de parler ainsi ménage, ma chère belle-mère?

— Je crois bien, le ménage, c'est mon fort.

— Alors mon gendre, — se hasarda de dire M. Jouffroy ; — puisque nous parlons ménage, est-ce que vous ne trouvez pas que deux domestiques pour vous servir à table, c'est...

Un hum..., hum! sonore, et un formidable regard de sa femme, interrompit M. Jouffroy, qui resta court.

— Vous me faisiez observer, mon cher beau-père, — reprit le comte, — que deux domestiques?..

— Rien, rien, mon gendre, — se hâta de répondre M. Jouffroy, — c'était une idée en l'air, mettons que je n'ai rien dit...

— Ah çà! ma chère Aurélie, — reprit le comte, — que ferez-vous de votre journée ?

— Mais, mon ami, disposez-en...

— Prenons, tout d'abord, de bonnes habitudes, je suis heureux de vous dire ceci en présence de vos excellents parents, vos moindres désirs seront toujours ma loi suprême. Vous êtes la maîtresse, ordonnez, agissez en complète liberté...

— Henri..., combien vous êtes bon.

— Ah! fifille, comme M. le comte te gâte! — dit M. Jouffroy, — ma foi, il a joliment raison...

— Mon ami, — répondit Aurélie à son mari. — Je désirerais aller voir ma sœur, qui n'a pu assister à notre mariage.

— A merveille! A quelle heure désirez-vous votre voiture ? afin que je donne vos ordres avant de sortir ?

— Vous ne m'accompagnerez donc pas, Henri ? — dit Aurélie avec un léger accès de surprise et de regret, — Marianne serait, j'en suis certaine, très-heureuse de vous voir... je me promettais le plaisir de vous présenter à ma tante Prudence?

— Je craindrais d'être indiscret,—reprit le comte en souriant. — Vous aurez à raconter à mademoiselle votre sœur, la cérémonie d'hier, les jolies toilettes que vous avez remarquées, que sais-je encore... et je serais désolé de gêner vos confidences. Ainsi, chère Aurélie, dites-moi l'heure à laquelle vous désirez votre voiture?

— Vers une heure, si vous le voulez bien — répondit Aurélie en étouffant un soupir, tandis que M. Jouffroy se disait à part lui :

— Mon gendre me semble bien peu désireux d'être avec fifille... un lendemain de noces ! Quand je pense que pendant plus d'une année, je ne quittais pas Mimi. J'étais comme son ombre. Allons, il paraît que ce n'est pas l'usage dans le grand monde.

Le valet de chambre rentrant en ce moment, dit à Henri :

— Le premier aide de camp de S. A. le prince Maximilien demande à parler à monsieur le comte.

— Priez-le d'attendre dans le salon, j'y

vais à l'instant, — répondit M. de Villetaneuse. Puis, il ajouta : — Chère belle-mère, et vous, Aurélie, vous permettez ?

— Comment donc, mon gendre ! — fit madame Jouffroy. — Allez-donc vîte, dépêchez-vous donc, courez donc !

Et se retournant vers sa fille, pendant que le comte sortait de la salle à manger, suivi du domestique :

— As-tu entendu, Aurélie ? Le premier aide de camp de Son Altesse, demande à parler à ton mari !

— Fifille, — se hâta de dire M. Jouffroy à demi-voix : — Pendant que ton mari et les domestiques ne sont pas là, je dois t'avouer que j'étrangle de soif; et que je n'ai pour ainsi dire rien mangé. Il n'y avait pas de vin sur la table, et je ne me gêne pas pour flûter ma bouteille le matin, enfin ces petites lichettes de bœuf et de jambon, accompagnées d'un œuf à la coque pour tout potage, ne font que creuser l'estomac. Est-ce que tu ne pourrais pas glisser à l'oreille de mon gendre, que...

— En vérité, vous ne pensez qu'à votre ventre ! — reprit madame Jouffroy en haussant les épaules, — vous êtes d'une indiscrétion !

— Pauvre bon père ! — reprit Aurélie, — pardon, mille fois pardon ! Je n'avais pas songé à tes habitudes. Désormais, tu seras servi comme tu l'étais chez nous. Je me charge de ce soin.

— C'est ça ! vous allez tout bouleverser chez notre gendre, — reprit madame Jouffroy, en haussant les épaules et s'adressant à son mari, — vous vous ferez passer pour un gros glouton !

— Maman, oublies-tu que mon père est ici chez lui.

— Ah ! ah ! Mimi, — reprit M. Jouffroy, en se frottant les mains. — Tu entends Fifille, elle ne me gronde pas ! elle ne me reproche pas d'être un gros glouton.

— D'abord, je vous prie de ne plus m'appeler Mimi, et ensuite de ne jamais me tutoyer !

— En voilà bien d'une autre ! nous devons donc toujours nous parler comme si nous étions fâchés ?

— Il ne s'agit pas de fâcherie, mais j'ai remarqué que notre gendre disait toujours *vous* à Aurélie, ça doit être de bon ton!

— Que veux tu, maman, — reprit Aurélie, — quand j'ai vu qu'Henri ne me tutoyait pas devant vous, j'ai fait comme lui.

— Et tu as eu raison, mon enfant. C'est sans doute de bien meilleur genre. Aussi M. Jouffroy vous me ferez le plaisir de ne plus me tutoyer devant le monde, et surtout de ne plus m'appeler Mimi.

— Mais sac à papier! je ne peux pas renoncer comme ça de but en blanc à une habitude de vingt-cinq ans, voilà vingt-cinq ans que je te tutoie, que je t'appelle Mimi, et...

Le valet de chambre rentra, et dit à Aurélie :

— Monsieur le comte prie madame la comtesse de vouloir bien venir dans le salon.

— Aurélie, — dit tout bas madame Jouffroy à sa fille. — Est-ce que nous pouvons aller avec toi?

— Mais certainement! peux-tu me faire une pareille question, chère maman, — répondit la jeune femme. Et elle se dirigea vers le salon, accompagnée de sa mère et de M. Jouffroy.

L

Un homme d'un âge mûr, vêtu d'un uniforme étranger fond blanc à parements rouges, et portant les insignes de colonel, se trouvait dans le salon avec Henri de Villetaneuse. Celui-ci dit à sa femme, en lui présentant l'officier.

— Ma chère amie, monsieur le colonel Walter est chargé par son altesse, le prince Maximilien, d'une mission auprès de vous.

Aurélie rougit, regarda son mari avec une extrême surprise; le colonel s'inclinant profondément, lui dit en lui remettant une lettre :

— Son Altesse m'a chargé, madame la

comtesse, de vous présenter ses respectueux hommages, et de vous remettre cette lettre ainsi que cet écrin, — ajouta-t-il en désignant un étui circulaire en maroquin rouge déposé sur un guéridon placé près d'Aurélie, — Son Altesse m'a de plus chargé, madame la comtesse, de vous exprimer ses profonds regrets de n'avoir pu avoir l'honneur de venir vous faire ses adieux avant son départ pour l'Allemagne.

Aurélie, confuse et troublée, avait machinalement pris la lettre que lui présentait l'aide-de-camp, mais dans son embarras, ne trouvait pas un mot à répondre, son mari vint à son secours, et dit :

— Mon cher colonel, madame de Villetaneuse est très sensible au bon souvenir de Son Altesse, nous osons espérer que le prince ne nous oubliera pas, lors de son premier voyage en France.

Le colonel s'inclina de nouveau et par courtoisie, M. de Villetaneuse voulut le reconduire jusqu'au perron de l'hôtel.

A peine le comte eût-il quitté le salon, que madame Jouffroy s'écria :

— Son Altesse écrit à ma fille! — Et s'adressant à Aurélie, qui tenait encore à la main la lettre du prince : — mais lis donc vite ce que Son Altesse t'écrit! es-tu peu curieuse, va!

— Si c'était une lettre d'Henri, — répondit la jeune femme en souriant et brisant le cachet, — il y a longtemps que je l'aurais lue.

— A la bonne heure, — reprit madame Jouffroy; — mais il est tout simple de recevoir une lettre de son mari, tandis qu'une lettre d'Altesse! c'est aussi rare qu'un merle blanc!

— Moi, — dit M. Jouffroy, en fixant l'étui de maroquin rouge d'un regard curieux, tandis qu'Aurélie lisait la lettre, — je voudrais bien savoir ce qu'il y a là-dedans? C'est sans doute un cadeau que le prince, en sa qualité de témoin de mon gendre, envoie à Fifille. Est-ce que tu ne crois pas cela, Mimi?

— Voilà encore que vous me tutoyez! que vous m'appelez *Mimi!* et Aurélie *Fifille!*

— Mais, mon Dieu, nous sommes seuls;

et puis, je ne peux pas m'habituer à...

— Vous me ferez le plaisir de vous y habituer, au contraire. Comment! notre fille reçoit des lettres d'une Altesse! et cela ne vous donne pas honte de parler comme un... je ne sais qui? — Et, s'adressant à Aurélie qui, après avoir lu, souriait complaisamment :

— Hé bien! que te dit Son Altesse?

— Ecoute, maman, — et elle lut :

Madame la Comtesse,

— Madame la comtesse! — fit madame Jouffroy. — Quel beau titre! Je ne peux pourtant pas encore me figurer que l'on t'appelle : Madame la Comtesse! Continue.

Aurélie reprit :

Madame la comtesse, mon départ subit pour l'Allemagne, me prive, à mon grand regret, de l'honneur d'aller prendre congé de vous.

— Son Altesse regrette... d'être privée... de l'honneur d'aller prendre... congé de... ma fille, la comtesse! — répéta madame Jouffroy, prête à suffoquer. — Entendez-vous cela, monsieur?

— Oui, Mim... — Mais, se reprenant à un regard de sa femme, le digne homme ajouta : — J'entends... C'est très flatteur pour notre fille et pour notre gendre.

Aurélie continua.

Ai-je besoin, madame la comtesse, de vous exprimer de nouveau les vœux que je fais pour vous et pour ce cher comte.

— Ce cher comte! — s'écria madame Jouffroy. — Son Altesse daigne appeler notre gendre son cher comte! Quelle charmante lettre!... Aurélie, tu me la laisseras copier, — ajouta cette étrange femme, les larmes aux yeux, — je la relirai souvent. — Puis, embrassant sa fille avec passion : — Ah! tu me rends la plus heureuse, la plus fière des mères!... Je disais bien, moi, que tu pouvais prétendre à tout!... Lis-nous vite la fin de la lettre de Son Altesse, car ton mari peut rentrer d'un moment à l'autre.

— Où en étais-je donc, maman?

— Tu en étais à l'endroit où Son Altesse appelle ton mari : Son cher comte!... Reprends la phrase; nous l'entendrons bien deux fois.

Ai-je besoin, madame la comtesse, — reprit Aurélie, — *de vous exprimer de nouveau les vœux que je fais pour vous et pour ce cher comte. Il a bien voulu me prier d'être témoin de son bonheur; daignerez-vous me permettre, madame la comtesse, en mémoire d'un jour si heureux pour vous et pour ce cher comte, de vous offrir un souvenir qui, peut-être, vous rappellera par fois mon amitié pour M. de Villetaneuse, et le respectueux dévouement dont j'ai l'honneur, madame la comtesse, de vous réitérer l'assurance.*

Charles Maximilien.

— Le fait est que l'on ne saurait écrire d'une manière plus aimable et plus polie, — dit M. Jouffroy, tandis que sa femme savourait silencieusement les délices de cette lettre princière, et qu'Aurélie se sentait aussi légèrement étourdie par les fumées enivrantes de la vanité.

— Ah! oui, je la copierai, la lettre de Son Altesse — dit enfin madame Jouffroy! — ce sera l'honneur de notre famille... Mais, a-t-il de l'esprit, ce prince,... en a-t-il?... si spirituel et si beau, c'est rare!

— Comment, maman,... tu le trouves beau?

— S'il est beau !... Ah çà ! mais tu ne l'as donc pas regardé ?...

— Non... pas beaucoup... Je ne regardais qu'Henri, et, lorsque le prince m'a parlé, j'étais si troublée que je n'ai pas osé lever les yeux sur lui...

— Hé bien ! si tu les avais levés les yeux, tu aurais vu le plus joli cavalier que l'on puisse imaginer...

— Oh ! oh ! maman, à l'exception d'Henri cependant, — répondit la jeune femme, avec un charmant sourire, et s'adressant à M. Jouffroy. — Je devine ta curiosité, bon père, ouvre donc cet écrin, que nous voyions le cadeau de Son Altesse.

M. Jouffroy ouvrit l'étui de maroquin, et en tira une grande coupe d'or d'un merveilleux travail. Un groupe de figurines soutenait la cype, extérieurement et intérieurement ornée de médaillons émaillés, représentant des enfants, jouant avec des oiseaux et des fleurs ; les vives couleurs de l'émail étaient si parfaitement fondues, et appliquées sur l'or de ces médaillons, qu'on les aurait crus exécutées par le pinceau le plus délicat. Cette coupe exécutée au *repoussé* (1), était si légère, malgré sa hauteur et son diamètre, de près d'un pied, qu'elle pesait à peine une livre ; tout son prix résidait comparativement dans la main-d'œuvre ; aussi, le prince avait-il pu, sans sortir des limites des convenances et du bon goût, offrir à la jeune comtesse un objet d'une valeur vénale, presque insignifiante, si on la comparait à son immense valeur artistique.

— Ah ! ma fille... que c'est beau, — s'écria madame Jouffroy, — mon Dieu, que c'est donc beau ! que c'est donc magnifique ! comme Son Altesse sait faire les choses ! C'est un présent vraiment royal !

— C'est merveilleux, — dit Aurélie, partageant l'admiration de sa mère, et joignant les mains dans une sorte de naïve extase. — Vois donc, maman, ces ravissants médaillons, et ces grandes figures

---

(1) Les objets d'orfèvrerie exécutés au *repoussé* sont *creux*, et d'une valeur décuple des objets fondus ou *massifs*.

d'or, comme elles sont élégantes, la richesse de ce cadeau me rend confuse; c'est trop beau pour moi, n'est-ce pas, mon père? — puis, remarquant seulement alors la figure profondément attristée de M. Jouffroy, qui, pensif et le regard humide, contemplait la coupe, Aurélie ajouta, — mon Dieu! papa, qu'est-ce que tu as donc, te voilà tout triste...

— C'est vrai, — reprit madame Jouffroy, s'adressant impatiemment à son mari; — comment, voilà tout ce que vous trouvez à dire au sujet du superbe cadeau que Son Altesse fait à notre fille?

— Hélas! — répondit — l'excellent homme en secouant mélancoliquement la tête, — c'est que cette belle coupe...

— Hé bien! mon père, cette belle coupe?..

— C'est l'œuvre de Fortuné — répondit M. Jouffroy en soupirant, — Il y travaillait encore l'an passé, lorsque j'allais le voir dans son atelier, pauvre garçon... — Et se retournant de crainte d'être vu de sa fille et de sa femme, il essuya une larme furtive et répéta : — pauvre garçon!

La vue de cette coupe en rappelant à Aurélie le souvenir de Fortuné, éveilla dans son âme, jusqu'alors radieuse de bonheur, un vague et secret remords ; bien que sa mère lui eût cent fois répété que l'orfèvre s'était très facilement résigné à renoncer au mariage convenu, l'instinct d'Aurélie lui disait que cette résignation n'avait dû être qu'apparente ; aussi, profondément attendrie à la vue de cette coupe, et ressentant une vive compassion pour son cousin, si cruellement déçu de ses espérances, la jeune comtesse dit en soupirant :

— Cher Fortuné, grâce à son génie, ses œuvres deviennent des présents si merveilleux que l'on est embarrassé de les recevoir... ah ! cette coupe m'est maintenant doublement précieuse !

— Pauvre Fortuné, — pensait, à part lui, M. Jouffroy, — ah ! voilà le gendre qu'il me fallait, un homme de notre sorte, et comme nous, simple et sans façon ; j'aurais été aussi à mon aise chez lui que chez moi ! quel dommage que ce mariage n'ait pas convenu à Aurélie, j'aurais encore Marianne et ma sœur près de moi, je verrais presque tous les jours mon vieil ami Roussel... Allons, allons, je suis un égoïste... après tout, fifille est heureuse...

Madame Jouffroy, sous l'empire de l'exaltation de sa vanité surexcitée par la lettre et par le présent du prince, restait seule insensible aux souvenirs que la vue de cette coupe éveillait dans l'esprit de sa fille et de son mari, aussi dit-elle à celui-ci :

— Vous aviez bien besoin d'apprendre à Aurélie que cette coupe était fabriquée par Fortuné; au lieu de la laisser jouir tranquillement du cadeau de Son Altesse, voilà que vous l'avez tout attristée, cette chère enfant.

— Oh non, maman, ne crois pas que je sois triste... je suis glorieuse, au contraire, en songeant que c'est mon cousin, mon ami d'enfance qui est l'auteur de ce chef-d'œuvre... Peut-être Fortuné me regrette-t-il encore... mais bientôt il m'oubliera, il épousera une femme digne de lui ; et il sera aussi heureux qu'il mérite de l'être...

— Dieu t'entende, — reprit M. Jouffroy, — Dieu t'entende, fifille !

— Allons ! voilà encore que vous appelez Aurélie fifille...

— Comment, même entre nous, je ne peux pas lui donner le nom que je lui donne depuis son enfance ? C'est par trop fort aussi !

— Silence, voilà notre gendre qui rentre avec M. le marquis.

Henri de Villetaneuse rentrait en effet dans le salon avec son oncle, qui s'empressa d'aller galamment baiser la main de la jeune comtesse. Son mari remarquant la coupe placée sur un guéridon :

— Ma foi, ma chère Aurélie, le prince vous a donné là, une des choses auxquelles il tenait le plus au monde... Je l'ai souvent entendu vanter cette coupe, comme l'une des merveilles de ce temps-ci.

— Henri, vous me rendez encore plus confuse que je ne l'étais déjà. Recevoir de Son Altesse un cadeau si magnifique.

— Est-il quelque chose de trop magnifique pour vous, ma belle nièce, — dit le marquis; — le prince agit en prince, voilà tout.

— De prince à laquais, la transition est brusque, ma chère Aurélie, — reprit le comte en riant. — Je dois cependant vous dire qu'il se présente un valet de chambre pour vous; j'ai causé avec lui tout à l'heure, après avoir reconduit le colonel Walter. Ce domestique me paraît très au courant du service; il a une excellente recommandation du duc de Manzanarès, mais il n'a jamais été en maison à Paris, il est resté pendant dix ans avec son ancien maître, soit en Angleterre, soit en Italie; sauf cet inconvénient, et sauf votre avis, il me semble que nous ferions un bon choix en prenant ce serviteur. Désirez-vous le voir?

— C'est inutile, mon ami; s'il vous convient, il me convient aussi.

— Touchant accord! — dit le marquis à madame Jouffroy; — combien je suis heureux de penser que nos chers enfants s'entendront toujours ainsi!

— Je l'espère bien, monsieur le marquis; ils s'aiment tant! — Puis, s'adressant à sa fille : — Ah çà ! Aurélie, si tu veux sortir à une heure pour aller voir ta sœur, tu n'as que le temps d'aller t'habiller.

— Tu as raison, maman.

— Venez, ma chère amie, vous verrez en passant votre nouveau valet de chambre, — dit le comte à sa femme. Et tous deux sortirent du salon.

LI

Le marquis de Villetaneuse, resté seul avec M. et madame Jouffroy, suivit des yeux les nouveaux mariés, puis, lorsqu'ils eurent disparu, il dit d'un air souriant et mystérieux :

— Les voilà partis ; c'est à merveille. Écoutez-moi, belle dame ! mais il faut me promettre, ainsi que M. Jouffroy, de me garder un secret absolu ?

— Vous pouvez y compter, monsieur le marquis.

— Oh ! moi et Mimi... — mais M. Jouffroy se reprenant à un regard de sa femme, — Oh ! nous ne sommes point bavards.

— Il ne faut souffler mot de ceci, ni à Aurélie, ni à mon neveu. — Et le marquis ajouta finement : — Il s'agit d'une conspiration...

— Vraiment, monsieur le marquis, — reprit madame Jouffroy en souriant aussi, — une conspiration ?

— Terrible !... et qui doit éclater dans quelque temps, au grand étonnement de nos chers enfants. J'étais venu ici ce matin dans l'intention de vous mettre tous deux au nombre des conjurés. Or, comme l'argent est le nerf de la guerre et des conspirations, vous allez d'abord, mon cher monsieur Jouffroy, me compter, pour votre cotisation, deux cents louis ; moi, de mon côté, en ma qualité d'oncle, je pousse, ma foi, jusqu'à trois cents louis.

— Hum ! — fit le bonhomme, tout ébahi, — hum ! monsieur le marquis, je...

— Non, mieux que cela, — reprit le vieillard, en riant de tout son cœur et s'adressant à madame Jouffroy, — ce sera beaucoup plus plaisant ainsi : Vous allez, mon cher monsieur, me prêter, vous entendez bien ? me prêter, deux cents louis... absolument comme si je vous les empruntais, et que je dusse vous les rendre..., en un mot, comme si je venais tout bonnement vous dire : « Mon cher monsieur, faites-moi » l'amitié de me prêter deux cents louis; » — et se tournant vers madame Jouffroy, fort interloquée : — Vous verrez, ce sera ravissant. Pauvre chers enfants !

— Vraiment? — reprit-elle en riant aussi, et tâchant, mais en vain, de comprendre la chose, tandis que son mari comprenant seulement qu'il s'agissait de débourser deux cents louis, restait penaud, et disait :

— Hum! hum!... monsieur le marquis, c'est que...

— Encore une fois, figurez-vous que je ne vous ai point parlé de notre fameuse conspiration, et que, de but en blanc, je viens vous demander un prêt de deux cents louis..., là, est-ce clair ?

— C'est clair comme le jour, — dit madame Jouffroy à son mari, — comment, vous ne comprenez pas cela ?

— Si, ma femme ; je comprends bien : deux cents louis...

— Et vous allez avoir l'air de les prêter à M. le marquis en les lui remettant.

— Oh! quelle idée! — ajouta le vieillard, en allant près de la cheminée tirer le cordon d'une sonnette. — Je vais vous donner un reçu de la somme, mon cher monsieur! un bel et bon reçu, valable et en forme, de sorte que, lorsque notre conspiration éclatera, nos chers enfants... Ah! ah! ah! ma chère madame, si vous saviez quelle sera leur surprise? Ah! ah! ah! vous le voyez, j'en ris aux larmes... ce reçu de deux cents louis... Ah! ah! ah!

— Ah! ah! ah! — fit aussi madame Jouffroy, cédant à la contagion de l'hilarité du marquis, — ah! ah! ah! ce sera très plaisant! — Puis, voyant son mari, loin de rire, demeurer soucieux et piteux, elle lui dit tout bas : — Mais, riez donc aussi; vous avez l'air d'un enterrement! mais riez donc!

— A la bonne heure ma femme... ah... ah... ah... — fit-il en s'efforçant de rire, — ah, ah, ah... deux cent louis... ah... ah... ah... — puis redevenant soudain très sérieux, — deux cents louis... c'est que c'est une somme !!

— Mais puisque c'est une plaisanterie,

une conspiration... sans doute une surprise pour nos enfants... —reprit madame Jouffroy, pendant que le vieillard disait au valet de chambre venu à l'appel de la sonnette:

— Donnez-moi à l'instant ce qu'il faut pour écrire.

Le domestique revenant bientôt avec un buvard et une écritoire, le marquis se mit à écrire.

— Ma femme, — reprit à voix basse M. Jouffroy, — deux cents louis... c'est quatre mille francs... et tu sais que maintenant, nous devons économiser beaucoup.

— On vous répète que c'est une plaisanterie... une conspiration...

— Conspiration, tant que tu voudras, il n'en faut pas moins que je donne l'argent !

— Allez-vous rester en affront devant M. le marquis ! vous avez justement six mille francs sur vous... que vous deviez porter à la banque...

— Mais ma femme...

— Mon cher monsieur, —reprit le marquis en revenant du fond du salon et tenant à la main, le reçu qu'il venait d'écrire, — écoutez bien ceci, — et il lut :

—*Je reconnais... avoir reçu de M. Jouffroy... la somme... de quatre mille francs... que je m'engage à lui remettre à sa première invitation...* — et se retournant vers madame Jouffroy, — c'est charmant, c'est un emprunt... en forme... rien n'y manque... — puis donnant le reçu à son créancier improvisé, — la chose est je crois ainsi parfaitement en règle... mon cher prêteur... et maintenant pour compléter la chose...

— Mon mari va vous remettre les quatre mille francs, monsieur le marquis, justement, il a de l'argent sur lui...

M. Jouffroy, soupirant, prit dans son portefeuille quatre billets de mille francs, et sa femme dit au marquis en souriant :

— Cette fameuse conspiration, quand éclatera-t-elle ?...

— Elle éclatera avant qu'il soit peu, — répondit le marquis en empochant les billets de banque, — mais silence... voilà nos chers enfants.

Aurélie portant une charmante toilette

du matin, entrait en effet dans le salon, avec Henri de Villetaneuse.

— Adieu mon père, adieu maman, — dit la jeune comtesse, — je recommanderai à Marianne de ne pas oublier qu'il est convenu qu'elle doit venir passer tous ses dimanches avec nous...

— Oh! certainement, — reprit M. Jouffroy, — et qu'elle arrive chaque dimanche de bien bonne heure, cette chère enfant.

— Encore adieu, maman.

— Nous allons t'accompagner jusqu'à ta voiture, madame la comtesse, — répondit madame Jouffroy en embrassant sa fille.

Le marquis offrant galamment son bras à Aurélie :

— Vous me permettez, ma chère nièce, d'être votre cavalier?...

— Adieu, Henri, — dit la jeune femme à son mari au moment de quitter le salon.

— Ainsi... décidément vous ne venez pas avec moi?...

— Vous savez pourquoi, ma chère Aurélie, il me faut renoncer à ce plaisir, — répondit le comte en baisant la main de sa femme, — n'oubliez pas que nous dînons à sept heures.

— Oh! je serai de retour ici bien avant cette heure là, mon ami.

— Moi aussi, je l'espère, mais je veux vous conduire jusqu'à votre voiture.

Aurélie sortit du salon, donnant le bras au marquis, Henri et madame Jouffroy les suivaient.

Le valet de chambre et son nouveau camarade *Müller*, l'honnête serviteur du prince Charles Maximilien, se trouvaient dans une pièce d'attente, ils s'inclinèrent au passage de leurs maîtres, après avoir ouvert les deux battants de la porte qui communiquait au vestibule.

Un élégant coupé, attelé de très beaux chevaux, stationnait devant le perron de l'hôtel, un valet de pied en grande livrée, comme le cocher, tenait ouverte la portière armoriée.

— A la bonne heure, voilà un équipage digne de toi, ma belle comtesse, — dit madame Jouffroy, radieuse, en embrassant sa fille une dernière fois.

— Quelle jolie voiture, n'est-ce pas, maman ? Henri a si bon goût, — répondit la jeune femme, non moins glorieuse que sa mère. — Puis, se tournant vers M. Jouffroy : — Adieu, bon père.

— Adieu, mon enfant, embrasse bien pour moi Marianne et ma sœur, dis leur que j'irai les voir demain.

— Oui, papa.

Et la jeune femme descendit légèrement les marches du perron, accompagnée d'Henri et du marquis, monta toute joyeuse dans la voiture blasonnée, dont le valet de pied referma la portière, en disant, son chapeau demi-levé :

— Quels sont les ordres de madame la comtesse ?

— Je vais chez ma tante, hôtel de Beauvais, rue du faubourg Saint-Honoré.

— Hôtel de Beauvais ! faubourg Saint-Honoré ! — dit le valet de pied au cocher, pendant qu'Aurélie faisait un signe d'adieu à son mari, resté, ainsi que le marquis, sur le dernier degré du perron.

Le fringant attelage partit au grand trot. Le marquis prit le bras de son neveu, et tous deux, saluant du geste M. et madame Jouffroy, quittèrent bras dessus, bras dessous, la cour de l'hôtel.

— Quel bel équipage ! et comme ma fille a bien l'air là-dedans d'une vraie comtesse, — dit madame Jouffroy à son mari, — avez-vous entendu le domestique dire à Aurélie : « — quels sont les ordres de madame la comtesse ! » — comme c'est bon genre ! quelle différence avec notre imbécille de Pierre, qui, de son siége, nous criait de sa grosse voix : — ous'que nous allons !

— Oui, oui, la voiture de notre fille a très-bon genre, — répondit M. Jouffroy, étouffant un soupir, et regrettant, à part soi, sa modeste calèche à vasistas, attelée du pacifique *Coco*, et dans laquelle toute la famille trouvait place en se serrant un peu.

— Enfin... que fifille soit heureuse... je ne demande que cela.

Et il rentra dans l'intérieur de la maison sur les pas de sa femme.

LII

Henri de Villetaneuse, après avoir quitté son oncle sur le pont de la Concorde, se dirigea vers la demeure de Catherine, se disant :

— C'est par Dieu, un heureux sort que le mien ! je suis remis à flot... J'ai une maison excellente, une femme ravissante, qui m'aime à la folie, et la maîtresse la plus piquante, la plus amusante du monde ! ma femme n'a pas, il est vrai, plus de conversation qu'une pensionnaire... Elle est douce, timide, candide, et, conséquemment, sera toujours de la dernière insignifiance ; mais, qu'importe ! n'ayant jamais d'autre volonté que la mienne, cette chère enfant vivra le plus heureusement du monde ; elle est comtesse, elle aura tout ce qui pourra flatter sa vanité, cinquante ou soixante louis par mois pour sa toilette, elle recevra chez elle la meilleure compagnie de Paris, elle sera libre comme l'air, car je n'ai pas l'étoffe d'un mari jaloux, que peut-elle désirer de mieux ? J'ai voulu dès aujourd'hui l'habituer à sortir seule, afin de conserver, de mon côté, une liberté entière; j'irai tous les jours de deux à six heures chez Catherine... J'ai consenti de tout mon cœur à prendre chez moi la mère Jouffroy et son bonhomme de mari, ils tiendront compagnie à leur fille, et comme je l'habituerai à aller seule dans le monde, je pourrai, sauf nos jours d'opéra, ou de réception, consacrer presque toutes mes soirées à Catherine! Etrange femme ! combien elle m'aime! je n'oublierai jamais ses larmes, son désespoir, lorsqu'ayant appris par ce Bayeul, m'a-t-elle dit, mes projets de mariage (découverte qui avait causé son évanouissement, et l'espèce de fureur avec laquelle elle m'avait repoussé sans explication), elle est venue m'attendre à la porte de M. Jouffroy, le soir du jour où j'avais été présenté à Aurélie. « Je « vendrai le peu que je possède, je cou- « drai, s'il le faut, afin de gagner de quoi « vivre, je logerai dans une mansarde : je « ne vous serai pas à charge, » — me disait Catherine, en fondant en larmes, — « mais « vous ne vous marierez pas! vous ne m'a- « bandonnerez pas! » — En vain je lui disais que ce mariage ne changerait presque rien à nos relations. — « Un partage m'est « impossible! » — me répondait-elle, — « si vous vous mariez, vous ne me rever- « rez jamais! » — Rompre avec Catherine était au-dessus de mes forces ; j'ai préféré rompre mon mariage, et cette pauvre Aurélie a voulu s'empoisonner. C'est en cette occasion surtout que j'ai pu apprécier le cœur de Catherine et son amour pour moi. « — «Henri, — me dit-elle, en arrivant chez moi à l'improviste, — « Depuis deux jours « j'ai profondément réfléchi, l'égoïsme de « mon amour m'égarait ; j'ai exigé la rup- « ture d'une union où vous trouviez de « grands avantages ; cette malheureuse « jeune fille a voulu s'empoisonner. Le

« moment viendra, hélas! où vous ne m'ai-
« merez plus, et ce serait mon éternel re-
« mords de vous avoir imposé un sacrifice
« que vous regretteriez un jour ! d'avoir
« aussi été cause du désespoir peut-être
« mortel de cette jeune personne ! épou-
« sez-la donc, je saurai me résigner à cette
« nécessité à la condition que vous m'accor-
« derez tous les moments dont vous pour-
« rez disposer ; seulement..., et ne vous
« récriez pas sur ce que vous regarderez
« peut-être comme un caprice..., — je veux
« que d'ici au jour de votre mariage, nous
« nous voyions comme *amis*, et non plus
« comme amants ; j'éprouverais une répu-
« gnance invincible à me dire qu'en sor-
« tant de chez moi, vous allez parler à cette
« chaste jeune fille de l'amour qu'elle vous
« inspire. Il y aurait là quelque chose de
« lâche, de perfide, dont la seule pensée
« me révolte. Cette susceptibilité de la
« part d'une femme comme moi, a droit de
« vous surprendre, mais, vous le savez, on
« l'a dit souvent : notre cœur est un abîme
« de contradictions. » — Et en effet, il m'a
été impossible de vaincre les scrupules

de Catherine, cette délicatesse si rare m'irritait, me charmait à la fois, surexcitait mon goût pour cette femme étrange ! Grâce à ces six semaines, durant lesquelles nous avons en effet toujours vécu en *amis*, je suis, quoique notre liaison dure depuis plus de deux ans, je suis autant que par le passé amoureux de Catherine ! Ces scrupules de sa part ont-ils été sincères?... ne sont-ils point un adroit manège de coquetterie, afin de se rendre plus désirable, et de lutter ainsi contre l'influence d'Aurélie? je l'ignore... mais vive Dieu! je ne peux, sans battement de cœur, songer que tout à l'heure, je vais revoir Catherine. Voilà d'ailleurs deux grands jours que je ne suis allé chez elle, retenu par les mille obligations de mon mariage !

En songeant ainsi, Henri de Villetaneuse arrive rue Tronchet, et sans s'inquiéter autrement du fait, il remarque d'abord à la porte de la demeure de madame de Morlac une énorme voiture de déménagement que des commissionnaires achevaient de charger, mais en s'approchant de la voiture, il reconnaît parmi les meubles qu'on y transportait certaine causeuse de damas blanc, semé de bouquets de roses, sur laquelle il s'était souvent assis à côté de Catherine. Saisi d'un vague pressentiment, il monte en hâte à l'entresol, trouve toutes les portes de l'appartement ouvertes, les tapis, les rideaux déposés, en un mot, l'appartement complètement vide et démeublé.

M. de Villetaneuse stupéfait, court à la chambre à coucher de Catherine, il aperçoit un garçon tapissier occupé d'enlever les rideaux d'une fenêtre, seuls objets d'ameublement qui restassent dans cette pièce.

— Que signifie cela? — s'écria le comte pâle et à demi suffoqué par une angoisse croissante, — madame de Morlac a donc déménagé?

Le garçon tapissier, fort surpris de l'interrogation et surtout de l'émotion de M. de Villetaneuse lui répondit du haut de son échelle :

— Monsieur, j'ignore si cet appartement était occupé par cette dame.

— Comment... et vous enlevez ses meubles?

— Certainement, puisque mon patron les a achetés.

— De qui... de qui les a-t-il achetés?

— D'un monsieur.

— D'un monsieur?

— Oui, il est venu hier soir proposer à mon patron d'acheter ce mobilier en bloc, tapis, rideaux, etc., etc.; mon patron est venu estimer les objets, a conclu le m r; l'a payé comptant, et il nous a envoyés ce matin faire le déménagement... voilà.

Et le garçon tapissier continua de décrocher les rideaux des croisées.

Henri de Villetaneuse resta pendant un moment immobile de stupeur, puis il descendit en hâte chez le portier de la maison qui lui dit en le voyant :

— Monsieur le comte, madame m'a laissé cette lettre pour vous.

Henri prit la lettre et lut ces mots :

« *Ne cherchez pas à retrouver mes traces, ce « serait inutile, vous ne me reverrez jamais.* »

CATHERINE.

—Mon Dieu!.. mon Dieu!.. — murmura-

Henri de Villetaneuse, atterré, presque saisi de vertige, — est-ce que je rêve? est-ce que je suis fou?

— Monsieur le comte, vous pâlissez... donnez-vous la peine de vous asseoir, — dit le portier.

M. de Villetaneuse dominant enfin son émotion, reprit :

— Quand madame de Morlac a-t-elle quitté cette maison ?

— Hier, à trois heures, monsieur le comte : elle a monté en fiacre avec sa femme de chambre, emportant plusieurs malles. Sans doute elle est allée s'entendre avec le propriétaire pour la résiliation du bail de l'appartement; car hier soir le propriétaire est venu me dire que je pouvais laisser enlever tous les meubles de madame, vu qu'elle les avait vendus à un tapissier.

— Et dans la journée, il n'est venu personne d'inconnu chez madame de Morlac ?

— Madame n'a reçu, hier, absolument personne.

— Pas de lettres non plus ?

— Non, monsieur le comte; il n'est venu, hier, aucune lettre pour madame.

— Et sa femme de chambre Justine, qui souvent causait avec vous et votre femme, ne vous avait rien dit qui pût vous faire soupçonner ce brusque départ?

— Non, monsieur le comte, elle croyait que madame ne faisait qu'une absence de quelques jours; car hier, mademoiselle Justine est venue dans la loge, pour me prier de descendre plusieurs malles du grenier et elle m'a dit : « Vous me voyez toute surprise, il paraît que madame va s'absenter pendant quelques jours... » Moi je l'ai cru aussi. C'est le propriétaire qui m'a détrompé, en venant hier m'apprendre que les meubles étaient vendus et que je pouvais mettre écriteau pour l'appartement.

Le comte de Villetaneuse désespéré quitta la maison, se disant :

— Ah! maintenant, je sens plus que jamais combien Catherine était indispensable à ma vie! quelle peut être la cause de cette brusque rupture? Mon mariage? non, non. J'y avais d'abord renoncé, c'est elle-même qui, ensuite, a exigé que je me marie... Ah ! maudit soit ce mariage, s'il m'a fait perdre Catherine. Oh ! je la retrouverai ! Ni temps, ni démarches, ni argent, rien ne me coûtera pour la retrouver... Je ne peux pas, je ne veux pas vivre sans Catherine ! Mort et furie ! Sans elle que devenir !! Que me resterait-il ?... le jeu ! rien que le JEU !!

FIN DE LA PREMIÈRE PARTIE.

DEUXIÈME PARTIE.

I

La Cour des Coches , localité retirée, où se trouvait l'atelier de Fortuné Sauval, était entourée de plusieurs corps de bâtiments, à travers desquels s'ouvrait un dédale de ruelles et de passages. La majorité des locataires de ces demeures, et surtout de leurs derniers étages, se composait de pauvres artisans ; grand nombre de misères ignorées se cachaient dans les mansardes et dans les greniers de ces sombres et vieilles maisons ; beaucoup de familles vivant du labeur de leur chef, se voyaient souvent réduites à une détresse extrême, par la maladie ou par le chômage de l'industrie de leur unique soutien, aussi, parfois, le dernier jour du *terme* expiré, la famille hors d'état de payer le loyer de son triste logis, le quittait forcément, emportant son grabat, quelques nippes et s'en allant à l'aventure ! Malheureux émigrants d'un quartier dans un autre quartier de la ville immense !

La tante Prudence, après son départ de la maison de M. Jouffroy, avait provisoirement occupé, en compagnie de Marianne, un appartement garni du faubourg Saint-Honoré, puis elles s'étaient toutes deux définitivement établies au second étage de l'une des maisons de la cour des Coches, maison contigüe à celle où demeurait Fortuné Sauval.

Le logement de la vieille fille et de sa nièce, se composait d'une entrée assez obscure, d'une cuisine, d'une petite salle à manger, d'un salon et de deux chambres à coucher, communiquant l'une avec l'autre.

La tante Prudence, fidèle à ses habitudes et à ses souvenirs de famille, conservait son ancien ameublement, qui avait, en partie, appartenu à sa mère ; une propreté recherchée était le seul luxe de cette modeste retraite où se passait la scène suivante, environ une année après le mariage d'Aurélie.

Marianne, étendue sur un canapé, à demi recouverte d'une courte-pointe, ainsi qu'une personne convalescente, s'occupait d'un travail de couture. Au lieu d'être applatis, comme autrefois, en bandeaux sur ses tempes, sans la moindre recherche, ses beaux cheveux blonds cendrés encadraient son visage de leurs longues boucles soyeuses, et dissimulaient la saillie trop prononcée de ses pommettes, une jolie cravatte de satin bleu d'azur se nouait sous son large col brodé, qui, rabattu, laissait voir son cou d'ivoire; le corsage de sa robe, non plus disgracieusement taillé en blouse, mais élégamment ajusté à sa taille, la dégageait et faisait valoir sa finesse; enfin, ainsi coiffée, ainsi vêtue, Marianne, grâce aux ressources de cette innocente coquetterie exigée par sa tante, était presque méconnaissable, l'ensemble de sa personne ne manquait pas d'un certain charme. Assise auprès du canapé où se tenait sa nièce, la vieille fille, ses bésicles d'argent sur le nez, s'occupait (est il besoin de le dire) de son éternel tricot.

— Avouez, ma tante, — disait Marianne, — que c'est une chose extraordinaire ?

— Très-extraordinaire, mon enfant.

— Incompréhensible ?

— Ma foi, oui... incompréhensible... vu que c'est inexplicable.

— Car enfin, quel est donc le mystérieux bienfaiteur de tant de pauvres gens ?

— Voilà ce que je me demande comme toi ?

— Avant-hier encore, ce pauvre et honnête ménage, composé du père malade, de la mère et de trois enfants, allait être mis dehors de cette maison, faute du paiement d'un terme... lorsque soudain, arrive un commissionnaire, apportant non-seulement l'argent du loyer, mais encore de bons vêtements pour les enfants, et une petite somme suffisante à subvenir aux besoins de la famille, jusqu'à ce que son chef fût en état de reprendre ses travaux. Les braves gens demandent en pleurant de joie, le nom de leur bienfaiteur: impossible de le savoir; le commissionnaire, étranger à notre quartier, a été envoyé dans la maison par une personne inconnue.

— Ce qu'il y a surtout de très singulier dans tout cela, mon enfant, c'est que *ce bon génie* de la Cour-des-Coches, comme on l'appelle, doit habiter quelqu'une de ces maisons-ci, car il est incroyablement et journellement renseigné sur toutes les misères qui, hélas! abondent autour de nous.

— Evidemment, ma tante, il est instruit de tout ce qui se passe. Tenez, hier encore, notre femme de ménage me disait qu'un très bon et très honnête ouvrier de nos voisins, se trouvant sans ouvrage, avait été obligé, pour subvenir à ses besoins et à ceux de sa femme, de mettre en gage ses outils, son gagne pain... le bonheur veut qu'il trouve du travail; mais sans ses outils, comment travailler?.. Jugez de son chagrin... mais le jour même, il reçoit, dans une lettre, un mandat de quarante francs sur la poste.

— Pour connaître ainsi les misères cachées des pauvres habitants de la Cour-des-Coches, il faut certainement vivre au milieu d'eux, car les bienfaits de ce mystérieux bon génie se renouvellent presque chaque jour...

— Moi, — reprit Marianne souriant et rougissant, — j'avais d'abord cru deviner... quelle était cette personne secourable.

— De qui veux-tu parler ?

— De Fortuné.

— Si l'on en juge d'après son bon cœur, il serait fort capable d'être ce bon génie-là, mais...

— Mais le bon génie de la Cour-des-Coches s'est manifesté par ses bienfaits, peu de temps après le départ de Fortuné pour l'Angleterre.

— C'est ce que j'allais justement te faire observer. Enfin, quoique ton cousin soit dans l'aisance, il ne pourrait suffire à ces dons si multipliés, depuis environ trois mois qu'il est parti.

— Hélas! oui, chère tante !... Trois mois, trois grands mois ! et son absence, disait-il, ne devait durer qu'un mois au plus ; le temps de monter, à Londres, ce grand ouvrage d'orfèvrerie, commandé pour la reine d'Angleterre. Je croyais d'autant plus au prompt retour de Fortuné, qu'il avait emmené avec lui, pour l'aider dans ses travaux, le père Laurencin et son petit-fils.

— De sorte qu'il n'est resté personne pour garder la maison, aussi des voleurs, espérant faire un bon coup, sont entrés dans l'atelier en sciant les barreaux de la fenêtre.

— Grâce à Dieu! ma tante, Fortuné avait eu la précaution de déposer à la Banque tous ses objets précieux, les voleurs en ont été pour leur tentative.

— Il n'en est pas moins vrai que c'est un précédent fâcheux. Ces misérables peuvent, au retour de ton cousin, et supposant alors que l'atelier renfermera de grandes valeurs, tenter encore un mauvais coup.

— C'est effrayant. Maudit voyage! Vraiment, Fortuné n'est pas raisonnable... prolonger ainsi son absence.

— A qui la faute? A ce vilain cousin Roussel; il a voulu être du voyage! —

reprit la tante Prudence d'un ton de récrimination courroucée, en tricotant avec fureur. — M. Roussel s'est mis en tête de faire le touriste ! ce jeune et bel Anacharsis, dans l'espoir de former apparemment sa tendre adolescence par d'instructives pérégrinations, aura débauché ton cousin et prolongé son séjour dans ce pays. M. Roussel ne connaissait ni l'Angleterre ni l'Écosse ; M. Roussel a voulu les connaître : voyez-vous ça ! Voilà-t-il pas une belle connaissance pour l'Angleterre et pour l'Écosse !

— Ah ! tante Prudence, tante Prudence ! — dit Marianne, en riant de la furibonde sortie de la vieille fille, — l'absence du cousin Roussel... vous pèse autant que me pèse, à moi... l'absence de Fortuné.

— Laisse-moi donc tranquille ! Joli museau pour qu'on le regrette, cet affreux Roussel !

— Ma bonne tante, je vous dirai, ainsi que vous me disiez autrefois : soyez sincère... soyez sincère...

— Allons, tu es folle...

— Oh ! que non !

— Soit. Je ne pense qu'au cousin Roussel, je rêve du cousin Roussel, je le vois partout, et toujours cet Adonis, le chef orné de cette irrésistible casquette de loutre, dont il était si galamment coiffé jusqu'aux oreilles, le jour de son départ ! Ah! qu'il était beau, mon Dieu ! qu'il était donc beau, le cousin Roussel ! J'en maigris, j'en sèche, j'en meurs ; voilà des aveux je l'espère? tu les arraches à ma pudeur gémissante, rougissante et expirante ! Es-tu satisfaite, méchante enfant ?

— Ma bonne tante, malgré vos plaisanteries, j'ai bien vu votre chagrin le jour du départ de notre vieil ami.

— Moi, chagrine?

— Sans doute, et malgré votre contrainte, vous aviez le cœur bien gros.

— Voyez-vous ; ces petites filles, comme elles sont pénétrantes.

— Il ne m'a pas fallu une grande pénétration pour remarquer votre tristesse, ma bonne tante.

— Au fait, pourquoi dissimuler avec toi? — reprit la vieille fille en changeant soudain d'accent. — Hé bien, oui ! ce vilain

Roussel me manque ; c'est la première fois depuis trente ans que je reste si longtemps sans le voir, et à mon âge, mon enfant, c'est une si douce chose que l'habitude ! Enfin, depuis sa rupture avec mon frère, le cousin Roussel venait nous voir plus souvent encore. Que te dirai-je ?... mais ne vas pas te moquer de la tante Prudence, — reprit la vieille fille, cédant à l'un de ces retours d'attendrissement où la bonté de son âme s'épanchait sans contrainte. — Que te dirai-je, Joseph n'est plus jeune, je redoute pour lui les fatigues d'un voyage dans les montagnes d'Écosse. C'est un vrai Parisien, il n'a jamais quitté sa grand'ville..., mon Dieu..., un accident est si vîte arrivé, ou bien une maladie vous atteint... ah ! quand on pense que loin des siens, loin de son pays, et peut-être abandonné sans secours dans une chambre d'auberge... notre pauvre cousin peut... Tiens, je frémis de penser à cela...

— Mon Dieu, ma tante, vous pleurez, calmez-vous.

— Que veux-tu... Voilà plus d'un mois que nous n'avons reçu de leurs nouvelles.

Ces craintes sont, de ma part, une faiblesse ridicule, mais je suis cruellement inquiète ! Ah ! mon enfant, il n'est pas au monde un meilleur, un plus loyal cœur que celui de notre vieil ami, et... tu ne saurais t'imaginer mes regrets si... par malheur...

La vieille fille n'acheva pas. Elle ôta ses besicles et porta son mouchoir à ses yeux noyés de larmes.

— De grâce, ma bonne tante, rassurez-vous : Fortuné veillera sur notre cousin Roussel, comme sur un père; ils sont trois dans ce voyage, ils s'entr'aideront... et cependant, ainsi que vous le dites, un accident est si vîte arrivé, — reprit Marianne d'une voix tremblante, le regard humide, et commençant aussi à s'alarmer. — Hélas ! si, en effet, le silence de nos amis avait une cause fâcheuse ?

— Allons, mon enfant, calme-toi, — dit la vieille fille en essuyant ses yeux et remettant ses lunettes, — tu me fais doublement regretter ma faiblesse. Je suis une folle... Après tout, les montagnes d'Écosse ne sont point un pays sauvage, notre ami ne voyage pas seul, ses compagnons ne l'abandonneront pas ; mais, nous autres badauds de Parisiens, dont les colonnes d'Hercule sont : la foire à Saint-Cloud, nous nous effarouchons d'un rien ; encore une fois, rassure-toi mon enfant, si nos amis ne nous ont pas écrit depuis un mois, c'est que, sans doute, leur retour est proche, ils veulent nous surprendre. Qui sait ? Peut-être les verrons-nous arriver demain ou même aujourd'hui, — puis la vieille fille reprenant son accent caustique et railleur afin de calmer les inquiétudes de sa nièce. — Ah ! par ma foi, vous me les paierez cher ces sottes angoisses que vous nous aurez causées, M. Roussel ! vous pouvez vous attendre à être joliment reçu, beau montagnard écossais..., vous serez rudement traité ! quand bien même vous me joueriez cent airs de pibrok pour m'attendrir... Oui, oui, venez-y, vous serez fièrement accueilli, vous et votre pibrok ! Car tu verras, ma chère, qu'il aura appris à instrumenter de la cornemuse, ce jeune Anacharsis, et qu'il va nous arriver en jupon court, ni plus ni moins qu'un montagnard de Walter-Scott !

A cette saillie de la vieille fille, Marianne ne put s'empêcher de sourire et répondit en soupirant :

— Fasse le ciel, ma tante, que nos amis reviennent bientôt, et que nos espérances ne soient pas trompées.

— Non, non, elles ne seront pas plus trompées que celles que je te donnais autrefois au sujet de ton cousin, te rappelles-tu ?

— Hélas ! bonne tante...

— Comment, hélas ! Ah ! çà voyons, raisonnons un peu ? Que t'avais-je dit ?... « Je « ne crois pas que ta sœur consente à épou- « ser Fortuné..., cela s'est-il réalisé ?

— Oui ma tante.

— Ne t'avais-je pas dit encore : « Aimant « ta sœur comme il l'aime, le désespoir de « Fortuné sera d'abord cruel, puis il se « calmera, le temps aidant. »

— Et cependant, ma tante, Fortuné nous parlait toujours d'Aurélie les larmes aux yeux.

— Oui, mais il s'épanchait avec nous, il nous confiait ses chagrins ; enfin, où passait-il toutes ses soirées ?

— Chez nous.

— A qui parle-t-il de ses travaux, de ses projets ?

— A nous, ma tante, c'est vrai, toujours à nous.

— Lorsque je l'ai eu peu à peu amené à chercher quelques distractions à son chagrin, avec qui est-il allé, l'été passé, faire quelques parties de campagne aux environs de Paris ?

— Avec nous, et le cousin Roussel.

— Dans ces promenades, à qui Fortuné donnait-il le bras ?

— A moi, ma tante.

— Durant ces promenades, tandis que je faisais endiabler le cousin Roussel, que te disait Fortuné ?

— Qu'il ne trouvait de consolation à ses peines que dans le travail et les réunions de famille.

— Et lorsque tu as eu l'excellente idée, de demander à ton cousin, de nous adjoindre souvent dans nos parties de campagne le père Laurencin et son petit fils, que t'a dit Fortuné ?

— Ma tante...

— Allons, pas de fausse honte, nous sommes seules.

— Il m'a dit : « Ma chère Marianne, tu « es si gentille, si bonne, si prévenante ; « tu t'ingénies si délicatement à aller au « devant de ce qui peut m'être agréable, « que, grâce à toi, j'oublie souvent mes « chagrins. »

— N'est-ce donc rien que cela, mon enfant ?

— Oh ! sans doute, ma tante ! je ne devais pas espérer d'entendre Fortuné m'adresser des paroles si affectueuses ; Enfin, quand il est ici, je le vois chaque jour, il se plaît auprès de nous. Je serais insensée d'oser espérer davantage.

— Hé bien ! moi, je suis plus *osée* que toi, oui ! j'en ai la certitude, un jour... attaché à toi par les liens de l'habitude que ton aimable naturel, tes excellentes qualités rendront de plus en plus précieux, Fortuné t'épousera... Voilà mon pronostic !

— Oh ! ma tante, ma tante.

— Oh ! ma tante ! ma tante ! — reprit la vieille fille avec un accent d'affectueuse moquerie, en contrefaisant sa nièce. —

Est-ce qu'avant son départ, je ne lui ai pas dit un jour : « Certes, Marianne n'est « pas jolie, mais toi qui es artiste et qui « sais mieux que personne que le charme « du visage ne consiste pas uniquement « dans la régularité des traits, avoue qu'en « observant attentivement Marianne, l'on « finit par trouver sa physionomie très-in- « téressante? » — C'est vrai, m'a-t-il ré- « pondu, — hier, elle ne me voyait pas, « elle regardait le ciel à travers la fenêtre, « j'ai été frappé de l'expression ingénue et « touchante de sa figure. »

— Fortuné sait combien vous m'aimez, bonne tante, il voulait vous plaire, en vous parlant ainsi...

— Certainement, certainement. Il veut me plaire, me séduire, m'épouser. Je ne suis point déjà un si mauvais parti, n'est-ce pas? c'est donc toujours avec cette arrière pensée séductrice qu'il me disait une autre fois, l'adroit scélérat : « Savez-vous, tante « Prudence, que Marianne, coiffée à l'an- « glaise avec ses beaux cheveux blonds qui « s'harmonisent si bien avec la blancheur « de son teint, et vêtue presque coquette-

« ment, maintenant, au lieu de porter tou-
« jours comme autrefois une robe de cou-
« leur sombre faite en manière de blouse,
« savez-vous que Marianne n'est plus re-
« connaissable? sa taille est élégante et
« fine, quel dommage que cette pauvre
« petite Marianne soit boiteuse. » Ah! ah!
c'est là où je l'attends à son retour, avec son
quel dommage, ce beau cousin. Il t'a laissée
boiteuse, il te retrouvera ingambe.

— Encore cette espérance? — dit Marianne en secouant mélancoliquement la
tête, — jamais je ne l'ai partagée.

— Voyons, le docteur n'a-t-il pas répété
cent fois et hier encore : que ton infirmité
avait pour cause une fracture mal réduite
autrefois, ce que nous savions de reste?

— Oui ma tante, mais...

— Je ne t'écoute pas ; or par un bonheur providentiel, ajoutait le docteur, l'accident dont tu as été victime il y a deux
mois, chère enfant, et il eût peut-être, hélas! été mortel sans la présence d'esprit,
sans le courage de cette excellente créature, qui d'abord ta garde malade, est devenue notre femme de ménage...

— Oh je n'oublierai jamais ses soins, son dévouement, — reprit Marianne en interrompant la vieille fille, — pauvre femme, encore jeune et belle, on la croirait au-dessus de sa condition, n'est-ce pas, ma tante? et...

— Il ne s'agit point de cela du tout, tu veux changer l'entretien.

— Si vous saviez combien je redoute de me laisser entraîner malgré moi aux espérances que vous donne ma guérison.

— Libre à toi de ne pas espérer, mais moi, je ne démords point de ceci, à quoi je reviens : le docteur affirme que lors de ce dernier accident, tu as eu la jambe cassée, justement au même endroit où elle avait été fracturée jadis, et que cette fois-ci, la fracture ayant été parfaitement réduite, comme dit cet Esculape, que Dieu bénisse, il est certain que tu ne boiteras plus; ce dont nous serons assurés avant peu de jours, puisque c'est seulement par un excès de précaution que le docteur ne te permet point encore d'essayer de marcher.

Le bruit de la sonnette d'une porte extérieure, interrompit l'entretien de la tante Prudence et de sa nièce, le tintement ayant redoublé, la vieille fille se leva en disant :

— Sans doute notre femme de ménage n'est pas encore arrivée.

— Cela est étonnant, elle est toujours si exacte.

— Il n'importe! je vais aller ouvrir.

— Pardon, ma tante...

— Oh! sois tranquille, lorsque tu seras sur tes jambes, je ne t'empêcherai point d'aller ouvrir la porte, d'y courir même si cela te plaît, chère enfant, et ce jour-là, je ferai de ta canne un fameux feu de joie!

Ce disant, la tante Prudence sortit, et rentra bientôt accompagnée de son frère.

II

Monsieur Jouffroy n'avait plus, comme autrefois, une figure épanouie, souriante, ouverte, où se lisait la quiétude de son âme et le bonheur domestique dont il jouissait alors; son visage amaigri, son front soucieux, une sorte de contrainte, perçant presque à chacune de ses paroles, annonçaient de graves changements, survenus dans son existence. Cependant, à la vue de sa sœur et de sa fille, son front s'éclaircit, il les embrassa toutes deux, et déposa près de lui, sur une table, un petit paquet enveloppé de papier qu'il avait sous le bras.

— Hé bien! mon enfant, — dit-il à Marianne, — as-tu passé une bonne nuit?

— Excellente, mon père.

— Et ta jambe?

— Justement, mon frère, je disais à Marianne lorsque tu es entré, que j'étais certaine, moi, qu'elle ne boiterait plus...

— C'est ce que le médecin veut nous faire espérer... Que Dieu l'entende, mais une pareille cure tiendrait du miracle, ma chère Prudence.

— Va pour le miracle! Pourvu que notre Marianne ne soit plus infirme...

— Et maman... et Aurélie? — dit la jeune fille à M. Jouffroy, — comment vont-elles?

— Tout le monde va bien à la maison, mon enfant, l'on y fait les préparatifs d'un grand bal pour ce soir... Encore une fière corvée!!! toute la société de mon gendre sera là; depuis que ces beaux messieurs et ces belles dames, hantent la maison: je ne suis pas plus avancé qu'auparavant; je ne connais pas un chat de tout ce beau monde; d'ailleurs, je suis très timide avec les étrangers; je n'ose pas ouvrir la bouche, Mimi...; — mais, se reprenant vîte : — ma femme, au contraire, se trouve maintenant chez notre gendre aussi à son aise que chez elle ; ce n'est pas étonnant : elle est si crâne !.. elle parle à ces grandes dames sans se gêner ; madame la baronne par ici, madame la duchesse par là ! Enfin, elle devient forcenée pour la toilette.. c'est cher, très cher.. la toilette.. à preuve que le mois passé, elle a...

M. Jouffroy s'interrompit, étouffa un soupir, et reprit :

— Enfin, Fifille est contente... elle est devenue ce que l'on appelle : une femme à la mode ; les autres dames de sa société la jalousent à en crever ; les jolis messieurs n'ont des yeux que pour elle : en un mot, elle et sa mère : nagent en pleine aristocratie, comme elles disent. Quant à moi, dès que j'aurai ce soir fait acte d'apparition dans les salons, comme d'habitude, je regrimperai dans notre entresol, où, je tâcherai de m'endormir.

— Ainsi, mon ami, — reprit la tante Prudence, en attachant sur son frère un regard pénétrant. — Tout le monde continue à être heureux chez toi ?

— Certainement, certainement, — se hâta de répondre le digne homme en baissant les yeux. — Ce n'est pas moi qui me plaindrais !

— Tu es toujours satisfait de ton gendre ?

— Oui, oui, c'est un charmant garçon ; seulement, il...

— Achève, mon frère...

— Rien ! rien. Je voulais dire que : c'était un très charmant garçon.

— Aurélie se loue-t-elle toujours de lui ?

— Sans doute, est-ce qu'elle ne vous le dit pas, lorsqu'elle vient vous voir ?

— Si fait.

— Tout va donc à la maison pour le mieux, — reprit M. Jouffroy, en évitant toujours les regards de sa sœur. Puis, voulant changer un entretien qui semblait l'embarrasser. — Et Fortuné ? avez-vous de ses nouvelles ?

— Nous n'en avons pas reçu depuis un mois.

— Ni de ce brave Roussel ! non plus ?

— Non.

— Ah! Prudence! Si tu savais combien il me manque notre vieil ami! J'allais déjeuner chez lui deux fois chaque semaine, comme au bon temps; — et M. Jouffroy étouffa de nouveau un soupir; — c'étaient mes meilleurs moments, y compris ceux que je viens passer ici avec vous deux; c'est si bon, si doux, de se retrouver en famille, ou avec de vieux amis; ce n'est pas que je ne sois point en famille chez notre gendre. Je m'y trouve très bien? on ne peut mieux, — se hâta d'ajouter M. Jouffroy; — mais, enfin, vous comprenez; c'est toute autre chose? je suis ici sans gêne.

— Bon père, dit tendrement Marianne, — tu nous rends bien heureuses aussi lorsque tu viens nous voir...

— Je vous crois, si j'en juge d'après ce que je ressens moi-même... Il y a maintenant, voyez-vous, tant de moments dans ma vie... où je... où je...

— Achève donc, mon frère.

M. Jouffroy retint de nouveau une confidence prête à lui échapper. La vieille fille, l'observant attentivement, remarquait ses fréquentes réticences. Elle ne voulut pas augmenter son embarras et reprit afin de donner un autre tour à la conversation :

— Qu'est-ce donc que ce paquet que tu as apporté ?

— C'est une robe en pièce, que j'ai achetée pour cette brave femme qui t'a si bien soignée, ma petite Marianne... J'ai pensé qu'elle serait plus sensible à ce petit cadeau qu'à de l'argent...

— Cher père... combien tu es bon d'avoir songé à elle ! Combien je te remercie de ton souvenir ! Elle en sera d'autant plus touchée, qu'elle est, je crois, au-dessus de sa condition...

— C'est ce qui m'a paru. Elle a dû être très-jolie, et n'a pas du tout l'air d'une domestique. Il faut qu'elle ait éprouvé de grands malheurs...

— C'est ce que Marianne et moi nous pensons — reprit la tante Prudence; — mais cette digne femme est si réservée, si discrète, que, de crainte de l'affliger ou de la blesser, nous n'avons jamais osé l'interroger sur son passé.

— Et vous êtes contentes d'elle, depuis que vous l'avez prise comme femme de ménage ?

— Parfaitement contentes, mon frère ; elle est si prévenante, si douce, si laborieuse... Elle fait, en outre du nôtre, deux autres ménages dans la maison ; garde les malades, quand elle trouve à en garder : cela lui suffit pour vivre... Elle occupe une petite mansarde au cinquième étage, dans le même escalier que nous, et ne bouge jamais de chez elle, où elle passe son temps à coudre, lorsqu'elle n'est pas occupée ailleurs.

— Pauvre créature ! — dit Marianne, — elle n'était pas née sans doute pour la condition qu'elle accepte avec tant de résignation. Elle a des mains charmantes... elle s'habille toujours en vieille femme, elle porte une vilaine cornette qui cache entièrement ses cheveux, mais je suis sûre qu'elle a, au plus, trente-quatre à trente-cinq ans.

— A cet âge, et encore belle, être réduite à faire des ménages ou à garder des malades ! — reprit tristement M. Jouffroy, — ah ! dam, l'on a vu tant de gens d'abord riches, heureux, tombés dans la gêne, dans la ruine, dans la misère... n'avoir plus que leurs yeux pour pleurer ! Ah ! dam oui, ça s'est vu... il ne faut souvent qu'un mauvais coup de Bourse à la hausse ou à la baisse, pour vous enlever le peu qui vous reste. Ah ! tout ce qui reluit n'est pas or... les apparences... — ajouta-t-il le regard fixe et sombre en secouant la tête, — les apparences...

Mais tressaillant et s'interrompant encore, il reprit en tâchant de sourire, et changeant soudain l'entretien :

— Ah çà ! la *bonne fée* de la cour des Coches, fait-elle toujours des siennes ?

— Justement nous parlions encore tout à l'heure, avec Marianne, d'un nouveau bienfait de ce bon génie mystérieux ; — reprit la tante Prudence, continuant à dessein, de ne pas sembler remarquer les nombreuses distractions, les fréquentes réticences de son frère ; — en vain nous cherchons à deviner qui peut-être le protecteur inconnu de tant de braves gens.

— En effet, Prudence, c'est fièrement

extraordinaire, mais, j'y pense, si c'était...

— Qui cela, mon frère ?

— Tu sais que notre gendre a eu pour témoin de son mariage un prince Allemand ?

— Oui, Aurélie nous a dit cela.

— Hé bien ! figure-toi, qu'il n'existe pas au monde de seigneur plus généreux que celui-là. Clara, la femme de chambre de Fifille, est parente de l'un des domestiques du prince, elle sait de lui des traits de bonté, de charité admirable ; enfin elle dit, toujours d'après son cousin, que le prince est un vrai saint Vincent-de-Paul.

— Oui, — reprit Marianne, — souvent Aurélie m'a raconté des actions touchantes ou chevaleresques, qui font le plus grand honneur au prince *Charles Maximilien*, elle les a apprises par sa femme de chambre.

— Soit, — reprit la tante Prudence, — mais quel rapport vois-tu, mon frère, entre ce prince Allemand et le bon génie de la cour des Coches ?

— Qui sait si le prince ne serait pas ce bienfaiteur mystérieux que vous ne pouvez découvrir.

— Tu n'y songes pas, mon frère, le prince est, je crois, en Allemagne ?

— Sans doute.

— Comment veux-tu donc, que de ce pays lointain, il connaisse toutes les misères de ce quartier-ci et leur vienne en aide ?

— C'est juste, ma sœur, le prince ne peut pas être ce bon génie. Enfin, pourvu que le bien se fasse, peu importe qui le fait. Mais j'en reviens-là, c'est toujours fièrement extraordinaire, Fortuné sera bien surpris, à son retour, d'apprendre qu'il y a une Fée dans la cour des Coches... Ah çà, petite Marianne, tu te charges de remettre cette robe à votre femme de ménage ?

— Elle eût été beaucoup plus contente de recevoir ce cadeau de ta main, mon bon père, mais contre sa coutume, elle n'est pas encore venue ici ce matin. Combien je te remercie pour elle.

—Allons donc, chère enfant, c'est une

misère, j'aurais voulu mieux récompenser les soins de cette brave femme; mais, comme on dit : les jours se suivent et ne se ressemblent point. Si j'avais seulement pu rattraper les quatre mille francs que j'ai déboursés pour la conspiration de ce maudit marquis...

— Quelle conspiration, mon frère?.. Comment, tu conspires?

— Non, non, c'est une manière de parler, une plaisanterie, c'était seulement pour te dire ma petite Marianne, que si ce cadeau est bien mince, c'est que... c'est que... Ah dam, vois-tu... autrefois...

M. Jouffroy n'acheva pas, il resta silencieux et absorbé.

Cette fois, la tante Prudence se reprocha d'avoir paru jusqu'alors indifférente aux diverses réticences de son frère. Peut-être, pensait-elle, ne demandait-il qu'à être pressé pour confier certains chagrins dont il était oppressé, aussi lui dit-elle :

— Mon ami... tu n'as rien à me dire en particulier?

— Moi?

— Oui...

— Pas du tout, Prudence, je te parle à cœur ouvert comme toujours, je n'ai rien à vous cacher à toi et à Marianne.

— Tu pourrais désirer me confier quelque chose à moi... à moi seule?

— Je t'assure que non.

— Veux-tu que nous allions dans le salon?

— En vérité, ma sœur, je n'ai rien de particulier à te dire, qui peut te faire penser que...

— Soit, ne parlons plus de cela. Tu n'as pas de meilleure amie que moi, tu le sais; en toute circonstance tu trouveras mon affection aussi sincère qu'autrefois.

— Oh! j'y compte bien, Prudence, et si jamais j'avais quelque peine... mais quelque peine sérieuse... ce ne serait pas à d'autre que toi que je m'ouvrirais.

Puis prenant son chapeau pour sortir et s'adressant à Marianne avec une sorte d'inquiétude.

— Je t'en conjure, mon enfant, lorsque Aurélie viendra vous voir, ne va pas lui dire... que ta tante m'a demandé si je n'avais pas quelque chagrin à lui confier, cela pourrait arriver aux oreilles de ta mère, et... bon Dieu du ciel ! je serais... hum... hum... je serais désolé, parce que ta mère pourrait croire que... que... Enfin tu me promets d'être discrète, et toi aussi, Prudence ?

— Certainement, mon frère; le secret nous sera d'autant plus facile à garder, que tu ne nous a rien dit du tout.

— Je le sais bien, mais cette pauvre Mimi pourrait croire que j'aurais voulu vous dire quelque chose ; elle se mettrait martel en tête, et se tourmenterait... Adieu, Prudence... adieu, ma petite Marianne.

— Quoi, mon père, vous nous quittez déjà ?

— Oui, mon enfant, il le faut, ta mère m'a chargé de quelques commissions pour la fête de ce soir... Allons, embrasse-moi... adieu et à bientôt.

— Adieu, bon père, et surtout à bientôt.

— Oui, à après-demain au plus tard.

— Adieu, mon frère... mais je vais te reconduire.

— Je t'en supplie, Prudence, ne te dérange pas, je connais les êtres; reste auprès de Marianne.

— Mais laisse-moi du moins te conduire jusques à la porte du salon, car lorsqu'elle n'est pas ouverte, l'antichambre est si obscure, que l'on n'y voit point, c'est un vrai casse-cou.

— Sois tranquille, ce n'est pas d'aujourd'hui que je viens ici, encore une fois, je connais les êtres; si tu te déranges, tu me désobligeras.

Evidemment, monsieur Jouffroy craignait de se trouver, même pendant un instant, seul avec sa sœur, et d'être de nouveau pressé par elle de lui faire ses confidences. La vieille fille devinant la secrète pensée de son frère, lui dit tristement :

—Soit, je ne t'accompagnerai pas, mon frère... Adieu et à bientôt.

—Oui, oui, à bientôt,—répondit M. Jouffroy en se hâtant de sortir de la chambre.

III

La tante Prudence, restée seule avec sa nièce après le départ de M. Jouffroy, demeura pendant quelques moments pensive.

— Ma tante, — dit la jeune fille avec inquiétude, — est-ce qu'il ne vous semble pas que mon père était ce matin très distrait, très préoccupé?

— Ce n'est pas seulement d'aujourd'hui que j'ai remarqué ses distractions, ses réticences; il a depuis quelque temps, du moins je le crains, des chagrins secrets; mais par fausse honte, il n'ose m'en faire l'aveu, redoutant mes reproches et surtout cet insupportable : *Ah! ah! je vous l'avais bien dit...* simpiternelle redite de ceux-là dont les sages conseils n'ont point été suivis. Ton père se trompe, je ne lui reprocherai jamais ce qui s'est fait contre son gré... il est, je le sais, aussi faible qu'il est bon ; ta mère est parfois une terrible femme... j'ai grand peur que depuis qu'elle est complètement affolée par le mariage d'Aurélie, elle ne rende la vie dure à mon pauvre frère...

— Ne croyez pas cela, non, maman est vive, emportée, mais elle s'apaise aussi vite qu'elle se fâche ; puis, elle aime tant mon père et ma sœur. Ah ! de ma vie, je n'oublierai cet horrible jour où Aurélie s'était empoisonnée... que de larmes a versées maman... elle était comme folle... et pendant la convalescence de ma sœur, que de soins, que de tendresses ! Elle l'a, ainsi que moi, veillée pendant plusieurs nuits. Tenez, ma tante, sans doute toutes les préférences de ma mère sont pour Aurélie, mais ces préférences ont leur source dans une affection si profonde, si vraiment passionnée, qu'on les excuse.

— Tu es, tu seras toujours la meilleure

créature que je connaisse, ma petite Marianne... Tant d'autres, à ta place, ne montreraient pas cette résignation.

— Résignation bien facile, bien douce, ma bonne tante, ne suis-je pas auprès de vous ? Ne me traitez-vous pas comme votre enfant... Et puis enfin, avouez-le : si d'autres que moi se seraient senties blessées des préférences dont nous parlons, combien en est-il qui, à la place d'Aurélie, auraient été gâtées par elle ?

— Hum ! hum ! — fit la vieille fille en grattant sa tempe droite du bout de son aiguille à tricoter. — Enfin, c'est ta sœur, et tu es généreuse...

— Soyez juste. Est-ce qu'Aurélie manque jamais de venir nous voir au moins une fois ou deux par semaine ? Malgré le tourbillon de fêtes où elle vit, nous a-t-elle jamais oubliées ?

— Oubliées... je ne dis pas cela.

— Lorsque, avant cet accident qui me retient au lit depuis deux mois, j'allais chaque dimanche passer ma matinée avec Aurélie... si vous saviez comme elle était prévenante, gentille, empressée de deviner ce qui pouvait me plaire... Je ne revenais presque jamais de chez elle, sans rapporter un petit présent... des riens, sans doute, mais ils prouvaient qu'elle pensait toujours à moi...

— Elle a été assez richement dotée à ton préjudice pour te faire des cadeaux.

— Ma tante, je vous dirai toute ma pensée : Aurélie a voulu se tuer, lorsqu'elle a cru à la rupture de son mariage avec M. de Villetaneuse, hé bien! moi je jurerais que si elle avait su que nos parents me déshéritaient, pour ainsi dire, afin de la doter magnifiquement, elle eût renoncé à ce mariage...

— Crois cela, mon enfant, après tout, il vaut toujours mieux entre parents croire le bien que le mal.

— Ma tante, je suis sûre de ce que j'avance, et même encore aujourd'hui, si elle savait l'histoire de sa dot... (elle l'ignore, maman ayant prié M. de Villetaneuse de garder le secret à ce sujet), Aurélie serait désolée de cette injustice.

— Peut-être bien, car il y a encore en elle un fond de bons sentiments.

— Et il en sera toujours ainsi, ma tante.

— Espérons-le... mon enfant.

— Voulez-vous une preuve de ce que j'affirme ?

— Voyons la preuve ?

— Vous ai-je raconté ce que ma sœur m'a dit au sujet de sa belle coupe ?

— Quelle belle coupe ?

— Celle que le prince Maximilien lui a donnée... Ce prince dont on fait tant d'éloges ?

— Non, tu ne m'as jamais parlé de cette coupe...

— Elle est magnifique... or, savez-vous quel est l'auteur de ce chef-d'œuvre, c'est Fortuné ! Aussi, Aurélie me disait un matin, en me montrant cette coupe qu'elle garde précieusement dans sa chambre à coucher. — « Voilà, petite sœur, parmi
« les objets de luxe que je possède,
« mon trésor le plus précieux, ce pré-
« sent m'a été fait par un prince dont
« mon mari a mérité l'estime, et de cette
« estime l'on doit être fier, car chaque
« jour j'entends vanter l'adorable bonté,

« la délicatesse exquise et le carac-
« tère chevaleresque de ce prince ; puis
« cette coupe est l'œuvre de notre cousin
« Fortuné... — Aurélie hésitait à conti-
« nuer, sa charmante figure semblait s'at-
« trister, — achève donc, chère sœur, lui
« ai-je dit. — Enfin, a-t-elle ajouté, — si
« un jour je devais être malheureuse,... je
« trouverais dans les souvenirs qui pour
« moi se rattachent à cette coupe, sinon
« la consolation de mes chagrins, du moins
« le courage de m'y résigner, en me disant:
« il n'a tenu qu'à moi d'épouser le célèbre
« artiste dont cet objet d'art est le chef-
« d'œuvre. J'ai refusé la main du meilleur
« des hommes, je n'ai pas le droit de me
« plaindre de mon sort. » — En parlant
ainsi, Aurélie avait les larmes aux yeux...
avouez, ma tante, que de telles paroles
prouvent qu'elle n'a perdu aucune de ses
qualités? que son cœur est toujours le
même?

— Mon enfant, — reprit la tante Prudence après avoir très attentivement
écouté sa nièce, — quand Aurélie t'a-t-elle
dit cela?

— Je me le rappelle maintenant, c'est le jour où ce fâcheux accident m'est arrivé, et où j'étais peut-être tuée, sans le courageux dévouement de notre femme de ménage... Oui, je me le rappelle, c'était un dimanche, je revenais en fiacre de chez Aurélie ; je m'explique maintenant comment, dans la première émotion de notre accident, j'ai oublié de vous raconter notre entretien.

— Ainsi, ta sœur t'a dit : *si je devais un jour être malheureuse*, et elle avait les larmes aux yeux en te parlant ainsi ?

— Oui ma tante...

— Oh ! mes pressentiments... je devrais dire mes certitudes !

— Vous m'inquiétez, expliquez-vous de grâce.

— Ta sœur ne t'a rien confié qui pût te faire supposer qu'elle eût à se plaindre de son mari ?

— Au contraire, ma tante, elle se louait toujours de lui.

— Oh ! sans doute... l'orgueil ! la mauvaise et fausse honte d'avouer une cruelle déception retiennent toute confidence !

l'on dévore ses chagrins en secret, l'on a la mort dans l'âme et le sourire aux lèvres !

— Comment, ma tante, vous craignez que...

— Quand tu allais chez ta sœur, voyais-tu souvent son mari chez elle ?

— Non ma tante, il savait qu'Aurélie et moi nous désirions être seules. Je l'ai vu très rarement.

— Comment la traitait-il ?

— Avec beaucoup d'égards. Il était aussi très poli, très prévenant pour moi. Il s'excusait de n'être jamais venu vous voir, parce qu'il savait, disait-il, que vous étiez brouillée avec ma mère, et que...

— Oui, oui... Ce beau monsieur craignait que la tante Prudence n'y vît trop clair à travers ses lunettes.

— Mon Dieu ! Vous croyez qu'Aurélie n'est pas heureuse ?

— — Elle t'a dit, il y a deux mois, les larmes aux yeux : — « Si je devais être « malheureuse un jour... »

— Oui ma tante, *si je devais*... c'était une simple supposition.

— Ah! mon enfant... Les gens heureux ne font guère de ces suppositions-là...

— Mais chaque fois qu'Aurélie vient nous voir, n'est-elle pas la première à nous dire que son mari est charmant pour elle?

— Certainement, elle est la première a le dire... et peut-être la dernière à le penser, d'autant plus que depuis environ deux mois qu'elle t'a parlé du triste sort qui pourrait être un jour le sien, ta sœur ne tarit point sur son bonheur... Elle jouit à l'entendre d'une félicité parfaite, complète et céleste! A l'appui de la chose, ce sont des narrations, des amplifications à n'en pas finir sur les fêtes où elle brille! sur le grand monde qu'elle fréquente... Car, il va de soi que les Huguet, les Chamousset et autres Richardets, anciens amis de sa famille, sont des croquants indignes de la société de madame la comtesse! qui me paraît, surtout depuis quelque temps, chercher à s'étourdir sur la sottise qu'elle s'est entêtée à faire.

— Hélas! ma tante, si le malheur voulait qu'il en fût ainsi, combien cette pauvre Aurélie serait à plaindre !

— A plaindre... ma foi non ! Les bons avis ne lui ont pas manqué ; elle n'en a tenu compte, tant pis pour elle. Sais-tu qui je plains véritablement ? C'est ton pauvre père, dont la bonté est excessive ; ta mère et ta sœur sont des folles ; et j'irais m'intéresser à ces ahuries de Chaillot ?... allons donc !

— Chère tante, vous faites comme cela la méchante, puis le moment venu d'être indulgente et compatissante, vous l'êtes plus que toute autre.

— Ah bien oui, compte là-dessus !

— Ma tante, on a sonné, on a ouvert, entendez-vous les pas de plusieurs personnes dans le salon. Oh ! mon Dieu ! si c'était...

Marianne n'acheva pas, la porte s'ouvrit et le cousin Roussel accompagné de Fortuné, entra dans la chambre de la vieille fille.

IV

Joseph Roussel, selon la coutume des voyageurs parisiens, et subissant aussi l'exigence de la saison, était emmitouflé d'épais vêtements ; des bottes fourrées montaient jusqu'au milieu de ses cuisses. Il portait un foulard noué en marmotte, recouvert de sa casquette de loutre à oreillères ; enfin, autour de son cou, s'enroulait l'un de ces cache-nez que : par modestie, disait-elle, pour le nez de l'épicier en retraite, la tante Prudence tricotait avec tant de soin. Voulant s'informer de la santé de la vieille fille, et de sa nièce, Joseph au lieu de retourner directement chez lui, en descendant de la diligence, avait suivi jusqu'à la cour des Coches ses compagnons de voyage. Fortuné rentrant un moment chez lui, venait de quitter son surtout de voyage.

La *vieille* fille et la *jeune* fille tressaillirent de surprise et de joie à la vue de leurs amis. Une larme d'attendrissement roula dans les yeux de la tante Prudence, mais grâce au miroitement du verre de ses besicles et à son empire sur elle-même, elle cacha cette larme, se promettant par manière de compensation de rabrouer vertement l'épicier en retraite, et de se venger ainsi des inquiétudes qu'elle avait ressenties.

Marianne, loin de dissimuler sa joie, son attendrissement à la vue du jeune orfèvre, non-seulement ne contraignit pas ses douces larmes, mais cédant à un élan irrésistible, elle se leva brusquement du sopha où elle était étendue, oublia les prescriptions du docteur, et courut à Fortuné en lui tendant les deux mains.

— Marianne, prends garde ! — dit la tante Prudence, d'abord avec angoisse, craignant pour sa nièce quelque rechûte ;

puis, presque aussitôt, la vieille fille s'écria rayonnante :

— J'en étais sûre ; le miracle est accompli ; elle ne boite plus !

En effet, Marianne s'avança vers son cousin, sans la moindre claudication. Celui-ci profondément surpris, quoique averti du fait par l'exclamation de la tante rudence, se recula machinalement, à mesure que Marianne s'avançait vers lui, comme s'il eût voulu s'assurer du prodige, en obligeant sa cousine à faire vers lui quelques pas de plus !

— Que vois-je ? Est-ce un rêve... tu ne boites plus, ma petite Marianne ! — dit Fortuné ébahi, en serrant dans ses mains celles de la jeune fille qui l'avait rejoint à l'autre bout de la chambre. — Quel est ce prodige ?

— C'est à ne pas en croire ses yeux, — reprit à son tour le cousin Roussel, sortant de son ébahissement, — Chère petite Marianne, viens donc m'embrasser ; que... je...

— Ta, ta, ta... vous l'embrasserez lorsqu'elle sera replacée sur son canapé, Cousin Roussel ! Vertu-Dieu ! vous me paraissez bien empressé d'embrasser les jeunes filles ; c'est l'air d'Albion, probablement, qui vous a rendu si galant, — dit la tante Prudence, en interrompant Joseph, et venant soutenir Marianne ; — aidez-moi d'abord à la reporter sur son lit de repos... elle a commis une grande imprudence, en se levant sitôt ; mais elle n'a pu résister au désir d'aller au-devant de Fortuné.

Ce disant, la vieille fille avait, à l'aide de Joseph, replacé Marianne sur le canapé. Toute heureuse de sa guérison et du retour de son cousin, la pauvre enfant presque miraculeusement délivrée de son infirmité, voyait un obstacle de moins à ce mariage, qu'elle osait à peine espérer.

— Et maintenant, chère tante, — reprit Fortuné ; — dites-nous donc ce qui est arrivé à Marianne ?

— Il y a environ deux mois, elle revenait de chez sa sœur, en fiacre ; il s'arrête à la porte. Marianne descend, perd l'équilibre au milieu du marche-pied, tombe sous les roues de la voiture ; les chevaux effrayés se mettent en marche...

—Grand Dieu! — firent à la fois le cousin Roussel et Fortuné, en regardant la jeune fille avec un redoublement d'intérêt.

— Une digne femme qui demeurait depuis peu dans la maison et qui se trouvait heureusement au seuil de la porte — reprit la tante Prudence, — voit le danger que court Marianne, s'élance à la tête des chevaux, tandis que l'imbécille de cocher descendu de son siége, pour ouvrir la portière, restait là comme une huître; et au moment où la voiture allait passer sur le corps de Marianne, cette brave femme les arrête!..

— Courageuse créature, — reprit Fortuné, — elle demeure dans la maison?

— Oui, nous l'avons prise pour femme de ménage. C'est-elle qui tout à l'heure a dû vous ouvrir la porte.

— Ma tante, l'entrée est, vous le savez, si obscure, que je n'ai pas distingué les traits de la personne qui nous a ouvert la porte; mais en sortant, j'exprimerai à cette digne femme toute ma reconnaissance.

— Chère petite Marianne, — ajouta le

cousin Roussel, — quel danger tu as couru...

— Et pourtant, à quelque chose malheur est bon, — reprit la vieille fille ; — car ce cruel accident l'a guérie de son infirmité. Cette pauvre enfant s'était, en tombant, cassé la jambe au même endroit où elle l'avait eu cassée dans son enfance, et...

— Je comprends, — dit vivement Joseph, — un médecin, de mes amis, m'a souvent conté, qu'après des fractures mal réduites, l'on était souvent obligé, (si le *sujet* avait ce courage de se résigner à cette douloureuse opération,) de briser l'os de nouveau, et alors, il s'en suivait souvent une cure complette.

— Vous parlez comme Esculape, cousin Roussel, — reprit la tante Prudence avec ironie ; — il ne vous manque qu'une grande canne entortillée de serpents, et une toge antique pour compléter la ressemblance.

— Allons, allons, tante Prudence ; je m'aperçois que votre bienveillant naturel ne s'est point altéré durant notre absence, — répondit le cousin Roussel, assez dépité du sardonique accueil de la vieille fille, tandis que Fortuné reprenait :

— Ma tante, comment nous avez-vous laissé ignorer ce triste accident arrivé à Marianne ?

— Ma foi, mon garçon, nous n'avons point été tout d'abord certains de la complète guérison de ta cousine, et j'ai craint de t'inquiéter ; l'on apprend toujours assez tôt les mauvaises nouvelles ; c'est pour cela que je ne t'ai pas non plus instruit de la tentative de ce vol..

— Quel vol, ma tante ?

— Le portier de la cour ne t'a pas dit cela en arrivant ?

— Je ne l'ai pas vu...

— Hé bien, mon garçon ! il y a quelque jours, l'on a scié les barreaux de la fenêtre de ton atelier !

— Grâce à Dieu, il ne restait chez moi aucun objet précieux, mais l'audace est grande ; a-t-on quelque soupçon sur les auteurs de cette tentative ?

— Il paraît que l'on soupçonne au moins de connivence, ce vieux monsieur qui demeure au quatrième étage, la porte à gauche, au-dessus des mansardes où loge notre femme de ménage.

— C'est impossible, M. Corbin est un vieux rentier.

— Il s'appelle M. Corbin?

— Oui ma tante. Il est fort à l'aise, et ne saurait être complice d'un vol.

— On dit qu'il reçoit chez lui des hommes de mauvaise mine. Voilà tout ce que j'en sais.

— Enfin, les voleurs en auront été pour leur effraction; il n'y a que demi-mal, et j'aurais été moins inquiet de cette tentative de vol, que de l'accident de cette pauvre Marianne.

— C'est ce que nous avons pensé, — reprit la jeune fille, — et j'ai dit à ma tante : n'écrivez pas à Fortuné ce qui m'est arrivé, cette mauvaise nouvelle lui causera peut-être quelque inquiétude, et...

— *Peut-être*, Marianne, tu dis peut-être! Ah! je croyais que tu appréciais mieux mon attachement pour toi, — reprit Fortuné avec un accent de tendre reproche.— Penses-tu donc que je sois ingrat? que j'oublie jamais les douces consolations que j'ai trouvées près de toi, et près de vous, ma tante, lors du plus cruel chagrin de ma vie... — puis, il ajouta avec un accent d'intérêt profond, mais contenu, cependant deviné par Marianne, qui étouffa un soupir. — Et Aurélie, la voyez-vous souvent? Comment va-t-elle? Est-elle toujours heureuse?

— Et mon vieux Jouffroy? — reprit le cousin Roussel. — Comment se porte-t-il?

— Aurélie est toujours charmante, élégante, pimpante, ébourrifante, et plus que jamais comtesse, tout ce qu'il y a de plus comtesse, mon pauvre garçon, — répondit la tante Prudence. — Elle danse, valse, se divertit, jabotte, roucoule et fait la belle.

— Enfin, ma tante, — dit Fortuné. — Elle se trouve toujours heureuse?

— Elle! mon bon Dieu! Comment peux-tu me faire une pareille question? Elle reçoit dans son hôtel des barons et des baronnes? Des marquis et des marquises? Des ducs et des duchesses?

— Mais son mari, ma tante, son mari?

est-il pour elle ce qu'il doit être ? sait-il apprécier son trésor ?

— Lui ! peste, je crois bien qu'il l'apprécie, son cher trésor, et il en use rondement. Ce ne sont dans la maison, à ce que me dit mon frère, que fêtes et galas, loges au spectacle ! gros jeu, grande chère ! Le tout grâce à ce cher, à cet adoré, à cet amoureux trésor de beaux écus comptants que monsieur le comte a palpés en dot, et tu viens me demander, mon pauvre garçon, s'il l'apprécie, son trésor ?

— Mon Dieu ! ma tante, je parlais au figuré... je parlais d'Aurélie... je vous demandais si elle était appréciée par son mari ce qu'elle vaut ?

— Je ne pourrais point au juste te répondre là-dessus.

— Et moi, je te dirai, Fortuné, — reprit Marianne, — que ma sœur n'a qu'à se louer de son mari... Tu sais combien elle a confiance en moi, et soit que j'aille la voir, soit qu'elle vienne ici, elle m'a toujours assuré que M. de Villateneuse était parfait pour elle...

— Tant mieux ! oh ! tant mieux ! — reprit

l'orfèvre avec une satisfaction mélancolique, — du moins qu'elle soit heureuse!!

— Tante Prudence, — reprit le cousin Roussel, — je vous ai demandé des nouvelles de votre frère, mon vieil ami?

— Nous l'avons vu ce matin, — répondit la vieille fille, — il est en assez bonne santé; seulement, il ne me paraît point considérablement réjoui des festoiements de monsieur son gendre; mais en revanche, mon frère a l'agrément de voir sa femme se livrer à des toilettes forcenées; néanmoins, malgré tant de bonheurs domestiques, ne s'est-il pas imaginé que votre absence lui pesait horriblement, cousin Roussel? Est-ce imaginable? est-ce croyable? Il vous regrettait! s'il vous plaît!

— En voilà bien d'une autre! C'est ainsi, tante Prudence, que vous m'accueillez après trois grands mois de séparation?

— Laissez-moi tranquille... je suis furieuse contre vous?

— Contre moi?

— Pardi!

— Et à propos de quoi, je vous prie?

— Vous avez le front de me le demander ?... Tenez, il y a là une glace... regardez-vous donc ? pour l'amour de Dieu... regardez-vous donc!!

— Comment? — reprit Joseph abasourdi, — pourquoi voulez-vous que je me regarde ?..

— Afin de rougir de vous-même ; car enfin, ce matin encore, je disais à Marianne : le cousin Roussel va nous surprendre... nous allons le revoir à son retour des montagnes d'Ecosse, cet intrépide voyageur, galamment troussé comme un chef de clan des romans de Walter Scott, bonnet sur l'oreille, claymor au côté, plaid sur l'épaule, court jupon, jambes nues, cothurnes, et nous saluant gentiment d'un petit air de pibrock... Ah! bien oui, va-t-en voir s'ils viennent! Vous nous arrivez avec des bottes fourrées, une affreuse houpelande, un foulard en marmotte, surmonté de cette abominable casquette de loutre! vous la portez en vertu d'un vœu d'amour! me répondrez-vous peut-être ? je n'y contredis point, mais elle n'est pas du tout d'un amoureux aspect, cette casquette... je vous en avertis.

— Comment, tante Prudence, vous me...

— Allons donc, cousin Roussel, est-ce qu'on débarque des montagnes d'Ecosse dans cet équipage là? Encore une fois, regardez-vous donc?.. voyez un peu la belle dégaîne! Oh! cher montagnard de mes rêves... où es-tu... où es-tu...

— C'est par trop fort aussi! — s'écria le cousin Roussel, en regardant Fortuné.

— Voilà pourtant ce qu'elle trouve de plus aimable à me dire à mon retour de voyage! à moi, un ami de trente ans! Ah! quelle femme! quelle femme!

— Cousin Roussel, — reprit Marianne en souriant. — Ne voyez-vous pas que ma tante plaisante...

— Parbleu! c'est clair qu'elle plaisante! voilà ce dont je suis outré! Et j'avais été assez benêt pour dire à Fortuné : « nous « aurions dû prévenir la tante Prudence de « notre arrivée, au lieu de la surprendre « brusquement, parce que, tu conçois, la « surprise, l'émotion... » Ah! combien j'étais sot ! tu la vois, tu l'entends, cette tante Prudence !

— Vous ne savez pas ce que vous dites, cousin Roussel, j'avais justement prié notre femme de ménage de tirer à l'avance un grand seau d'eau de puits à seule fin de me le verser dare dare sur la tête, pour me rappeler à moi-même, dans le cas où votre triomphant aspect montagnard m'aurait fait défaillir; mais je vous revois outrageusement fagotté, je ne peux pas défaillir. Soyez donc raisonnable !

— Allez ! vous serez toujours la même, vous avez un cœur de pierre !

— Calmez-vous, jeune Anacharsis... Voyons, racontez-nous vos aventures, vos dangers. Il n'y a pas de voyages sans dangers; c'est le sel, c'est le piquant de la chose.

— Ma tante, vous croyez rire, — reprit Fortuné, — cependant il nous est arrivé, non loin d'Édimbourg, un accident qui...

— Mais tais-toi donc Fortuné, — reprit le cousin Roussel en interrompant l'orfèvre, — on va se moquer de nous !

— Mon Dieu ! Fortuné, — reprit Mariannne avec intérêt, — que vous est-il donc arrivé?

— Tu ne le sauras que trop tôt, mon enfant, en écoutant ces intrépides et surtout véridiques voyageurs, — reprit la vieille fille. — Quant à moi je frémis, je frissonne de leur récit à l'avance... parce qu'après ça sera peut-être fièrement difficile de frissonner...

— Que te disais-je Fortuné, — s'écria le cousin Roussel avec un dépit comique. — Ne prononce pas un mot de plus!...

— Laissez donc parler ce garçon... la modestie vous étouffe, cousin Roussel, voyons vos prouesses, combien étaient-ils ces brigands là... qui vous ont attaqués? Combien en avez-vous exterminé, pourfendu à vous tout seul?

— Allez au diable! tante Prudence... à quoi bon notre récit? Vous n'avez pas plus de sensibilité que cette bûche!

— Il ne s'agit pas d'une aventure de brigands, ma tante, — reprit Fortuné, — mais d'une action si courageuse, si honorable pour notre cher cousin, que...

— Ah! mon Dieu! Je gage que c'est

quelque princesse persécutée que ce Galaor de cousin Roussel aura arrachée à de terribles ravisseurs ou à de redoutables enchanteurs! Hé! bien, ça ne m'étonne point du tout, de sa part : c'est un Amadis, un Roland! Mais pour l'amour du ciel, pourquoi donc après de tels exploits chevaleresques, nous revient-il avec un foulard en marmotte, surmonté d'une casquette de loutre? Où est donc son casque empanaché? son écu et sa lance? Il les a donc laissés au bureau de la diligence avec son carton à chapeau, sa canne et son parapluie?

— Morbleu! tante Prudence, puisque vous parlez d'enchanteurs, il faut sur ma foi, que la plus âpre, la plus aigre, la plus revêche, la plus sardonique, la plus grognon des fées grognons ait jadis présidé à votre naissance, — s'écria Joseph. — Allons-nous-en, Fortuné... viens...

— Je vais vous venger, mon cousin ; ma tante regrettera ses plaisanteries en apprenant ce qui s'est passé.

— Allons donc ! tu es fou... elle s'attendrir ! Est-ce que nous ne la connaissons pas ?

— Pauvre cousin Roussel, — se dit en souriant Marianne, — s'il savait... s'il savait !...

— Voici, ma tante, notre histoire en deux mots, — reprit Fortuné. — Nous approchions d'Édimbourg, suivant la diligence et gravissant une côte très-rapide ; le petit Michel courait de çà de là tout joyeux, au bord du chemin, taillé en cet endroit presque à pic, et au bas duquel se trouvait un petit lac... le pied manque à l'enfant, il tombe et roule sur cette pente escarpée où l'on voyait seulement quelques broussailles, et qui aboutissait à l'étang...

— Ah ! mon Dieu ! — dit Marianne avec inquiétude, — pauvre enfant !

— Je donnais le bras au père Laurencin, pour l'aider à monter la côte, croyant Michel et notre cousin Roussel derrière nous ; soudain, j'entends un grand cri ; je me retourne, je n'aperçois personne sur la route. Je cours à son débord, et à vingt-cinq ou trente pieds au-dessous de moi, j'aperçois notre cousin s'accrochant de broussailles en broussailles, se laissant glisser vers le lac, où était tombé Michel. Je m'élance aussi... mais avant que je l'eusse rejoint, notre cousin se jette intrépidement à l'eau, saisit le pauvre enfant qui se débattait, et le ramène sur la berge, si escarpée en cet endroit, que, sans mon aide, notre cousin et Michel auraient pu difficilement sortir du lac... Vous le voyez, ma chère tante, il ne s'agit pas d'une aventure de brigands ou d'enchanteurs, mais d'un acte de cœur et de courage, dont vous serez touchée comme nous.

Un moment de silence succéda au récit de Fortuné.

Marianne, connaissant la tendre et secrète affection que Joseph inspirait à la vieille fille, était impatiente de savoir si celle-ci jouerait jusqu'au bout son rôle d'insensibilité apparente.

La tante Prudence, grâce aux verres de ses bésicles et à sa grande cornette dont la garniture cachait à demi son visage baissé vers son tricot qui semblait absorber toute son attention, avait pu dissimuler son émotion et ses larmes d'attendrissement provoquées par le récit de Fortuné ; mais voulant se venger des inquiétudes, dont elle avait souffert, durant l'absence de Joseph, la tante Prudence rompit la première le silence, et la tête toujours inclinée sur son tricot, elle dit en se grattant la tempe droite du bout de l'une de ses aiguilles :

— Par ainsi, mon pauvre cousin Roussel, vous avez eu le désagrément de vous administrer, malgré vous, un bain froid dans une mare en Ecosse ? C'est probablement par suite du rhume de cerveau dont vous aurez été incommodé, que vous portez un foulard en marmotte... Dites-moi donc, est-ce qu'en ces lointains parages d'outre-mer, on trouve du jus de réglisse ?

—Ah ! ma tante, — dit Fortuné avec un accent de reproche, — la plaisanterie est cruelle !

— Ecoutez, Prudence, — reprit Joseph d'un ton péniblement ému, — je vous connais depuis trente ans, je ne me suis jamais fâché de vos railleries, si mordantes qu'elles aient été, j'en riais et je les provoquais moi-même ; tout à l'heure encore, je vous l'avoue, quoique assez dépité de votre accueil sardonique après une longue absence, je vous accusais, non de sécheresse d'âme, mais d'une invincible causticité d'esprit ; maintenant il n'en va plus ainsi, et, je vous le dis sincèrement, tristement... votre dernière plaisanterie me blesse au cœur... oui... —ajouta-t-il d'une voix altérée, — oui, cette plaisanterie me blesse au cœur, parce qu'elle me fait douter du vôtre... Il ne s'agit ni de moi, ni du plus ou du moins de danger que j'ai pu courir... il s'agit d'un pauvre enfant qui a failli périr d'une mort affreuse... et devant cette pensée de mort, vous avez le courage de railler? Tenez, Prudence, pour la première fois depuis trente ans que je vous connais, je suis tenté de croire décidément que...

Mais trop douloureusement affecté pour continuer, Joseph se tourna brusquement en disant :

— Adieu...

— Cousin Roussel! — s'écria Mariane

prête à livrer le secret de la vieille fille en voyant le chagrin profond de cet excellent homme, — mais vous ne savez donc pas que ma tante vous...

— Ah ! mon enfant ! — dit vivement la vieille fille interrompant sa nièce d'un regard et d'un geste qui semblaient lui dire : — « j'ai confié un secret à ta parole et tu « vas le trahir ! »

Marianne resta muette et baissa les yeux.

Fortuné, au moment ou Joseph avait fait un pas vers la porte, s'était opposé à son départ en lui disant tout bas :

— Mon Dieu ! ne connaissez-vous pas l'intempérance de langue de la tante Prudence ?

La vieille fille, de son côté, se reprochant ses sarcasmes, et craignant surtout de voir compromises, par le juste ressentiment de Joseph, des relations si chères à son cœur, reprit bientôt, non plus de sa voix âpre et sarcastique, mais d'un ton affectueux, néanmoins encore empreint d'une certaine brusquerie calculée.

— Allons, allons Joseph, ne vous courroucez pas, ne vous sauvez pas! J'ai eu tort; pardonnez-moi? Voyons! suis-je assez humble? Oui, je regrette de vous avoir blessé; n'allez point, mon Dieu, me prendre tout à fait pour une méchante femme! il n'en est rien : vous le savez bien? vous nous avez laissées longtemps sans nous donner de vos nouvelles; cela me fâchait; je m'étais promis de vous taquiner un peu à votre retour; de là, mes criminelles plaisanteries, sur votre innocente casquette; jusques-là, je restais dans mon antique droit de me moquer de vous; mais ensuite, j'ai été trop loin; j'ai raillé votre généreuse et courageuse action. C'était mal, c'était mentir, parce qu'au fond et malgré mon cœur de Roc, j'étais touchée; oui, très touchée de cette noble action; mais, ma diablesse de langue m'a encore joué l'un de ses mauvais tours; prenez-vous-en à elle, et non point à moi; allons, Joseph! — ajouta la tante Prudence, avec une nuance d'attendrissement. — Allons, mon vieil ami, soyez aussi indulgent que vous êtes bon; donnez-moi votre main...

— Ah! Prudence; quel bien vous me faites, en me parlant ainsi! — s'écria Joseph avec expansion, en prenant et baisant pour la première fois de sa vie, la main osseuse de la vieille fille...

La tante Prudence à ce baiser ne put vaincre son trouble et une légère rougeur, seulement aperçue de Marianne qui disait, à part soi : — Pauvre tante!

— Non! — reprit Joseph ému aux larmes, en conservant dans les siennes les mains tremblantes de sa vieille amie, — non, vous ne sauriez croire combien il m'était douloureux de vous croire insensible à ce point... Je ne serais peut-être pas parvenu à me le persuader tout à fait... mais le doute seul m'était odieux.

L'arrivée du père Laurencin et de Michel, permit à la tante Prudence de reprendre son calme habituel, si profondément troublé par le baiser cordial déposé par le cousin Roussel, sur la main amaigrie de la vieille fille... Quel ridicule atroce, pour elle, si son émotion eût été pénétrée par tout autre que par Marianne!

V

Le père Laurencin, en entrant dans la chambre avec Michel, s'était arrêté au seuil en disant :

— Mademoiselle Prudence, nous sommes peut-être indiscrets, mon petit-fils et moi, mais nous avons trouvé la porte de l'escalier entr'ouverte, et comme votre servante est sans doute sortie, pour un moment, nous avons cru pouvoir nous présenter sans être annoncés, afin de vous offrir nos respects en arrivant de voyage.

— Et vous avez très bien fait, père Laurencin, — reprit la vieille fille, — Bonjour, mon petit Michel, tu as donc couru un grand danger, mon pauvre enfant?

— Comment! mademoiselle, reprit le vieillard, — vous savez déjà que...

— ... Que mon cousin Roussel, au péril de ses jours, a sauvé la vie de votre petit-fils ? Oui, Fortuné m'a raconté ce beau trait là...

— Ah! mademoiselle, c'est une dette que Michel et moi nous ne pourrons jamais acquitter envers M. Roussel.

Au moment où le vieil artisan prononçait ces mots, la porte s'ouvrit de nouveau et la femme de ménage de la tante Prudence parut en disant :

— Mademoiselle, j'avais par mégarde, en emportant la clef, laissé pour un instant la porte entrebâillée ; à mon retour je l'ai trouvée fermée... Est-ce qu'il est venu quelqu'un ?...

— Oui madame Catherine, — répondit la tante Prudence, — Mais tenez, voilà que l'on sonne, allez voir ce que c'est.

Catherine obéit aux ordres de la vieille fille, et sortit en jetant sur Michel un regard triomphant. Ce regard semblait dire : Désormais, je vivrai dans la même maison que mon enfant!

La femme de ménage de la tante Prudence n'était autre que Catherine de Morlac, Catherine la courtisane, si méconnaissable sous ses grossiers vêtements et son bonnet blanc sans garnitures, cachant complètement ses cheveux, que le père Laurencin, le cousin Roussel, Michel et Fortuné ne la reconnurent pas tout d'abord. Son identité ne leur fut complètement démontrée, qu'alors qu'ils l'entendirent nommer *Madame Catherine* par la tante Prudence.

— Cette femme ! — s'écria le père Laurencin, sortant de sa stupeur et s'adressant à la vieille fille, — cette femme ! qui est-elle ?

— C'est notre femme de ménage, — répondit la tante Prudence, très surprise de l'accent du vieillard. — Elle est devenue la garde-malade de Marianne, après l'avoir empêchée d'être tuée. Madame Catherine est la meilleure créature que je connaisse.

— Quoi ! ma tante, — dit à son tour Fortuné, — c'est cette femme dont tout à l'heure vous nous faisiez un si grand éloge?

— Oui, — reprit Marianne, — et de ma vie, je n'oublierai le service qu'elle m'a rendu, les soins qu'elle m'a donnés...

— Voilà qui est étrange, — reprit le cousin Roussel, en jetant à l'orfèvre un regard significatif, tandis que Michel, s'adressant tout bas au vieil artisan :

— Comment, grand-père, cette jolie dame qui avait connu maman, et que je voyais de temps à autre chez M. Roussel, demeure ici ? Quel bonheur ! je la verrai souvent, et elle me parlera de ma mère.

— Ah ! — se dit le vieillard courroucé, — je comprends. Elle a profité de notre absence pour s'introduire dans cette maison et capter la bienveillance de mademoiselle Prudence, afin de se rapprocher de Michel. Quelle astuce ! Oh ! je déjouerai ses desseins ; je prévois où ils tendent.

Soudain la porte de la chambre s'ouvrit, et Aurélie de Villetaneuse entra chez sa tante.

VI

Madame de Villetaneuse revoyait, pour la première fois depuis son mariage, Fortuné Sauval et le cousin Roussel. Ceux-ci passaient habituellement leurs soirées chez la tante Prudence, tandis qu'Aurélie, au contraire, venait toujours la voir dans la matinée. Il leur eût été d'ailleurs pénible, par des raisons faciles à deviner, de se rencontrer avec la jeune comtesse, et cette rencontre, ils l'avaient constamment évitée jusqu'alors.

Fortuné, douloureusement ému à l'aspect d'Aurélie, sentit tous ses regrets se raviver; il l'avait quittée jeune fille, ingénue, timide, peu façonnée au monde; il la retrouvait, sinon plus belle, du moins plus séduisante encore que par le passé ; l'aisance de son maintien, la gracieuse liberté de ses manières, quelque chose de coquettement provocant dans son regard, dans sa démarche, dans ses moindres attitudes, lui donnait ce charme particulier aux belles jeunes femmes toujours recherchées, toujours entourées d'une cour nombreuse, et qui, si honnêtes qu'elles soient demeurées, ou par cela même qu'elles sont demeurées honnêtes, éprouvent incessamment l'irrésistible besoin de plaire, d'innocemment galantiser, afin de retenir auprès d'elles un essaim d'adorateurs, gens d'ordinaire fort peu désintéressés, mais qui cependant, à défaut de la proie, se laissent assez longtemps amuser de son ombre. Cette attrayante coquetterie s'était tellement incarnée dans Aurélie, que Fortuné subissant son empire avant qu'elle eût prononcé un mot, la contemplait avec une admiration mélangée d'amertume.

Madame de Villetaneuse tressaillit, rougit, baissa les yeux ; son sein palpita fortement, et pendant un moment elle garda le silence ainsi que Fortuné.

Le père Laurencin et Michel se retirèrent discrètement; la tante Prudence, le cousin Roussel, Marianne et le jeune orfèvre restèrent seuls avec Aurélie.

— Fortuné, — dit-elle à son cousin, — je ne m'attendais pas à te voir... je l'avoue. Mon émotion te prouve du moins, que si j'ai eu de grands torts envers toi, ils me sont toujours présents..., ainsi que les bons et chers souvenirs de notre enfance...

— Je t'en prie, ne parlons plus du passé, — répondit tristement Fortuné à Aurélie ; — tu n'as pas eu de torts envers moi, tu m'as fait redemander ta parole par ma tante, tu as suivi ton penchant... tu es heureuse... je n'ai rien à regretter...

— Soit, ne parlons plus du passé, — reprit la jeune femme, et s'adressant à Joseph : — Bonjour, cousin Roussel, il y a longtemps que nous ne nous sommes vus, vous m'avez tenu rigueur... Que de fois pourtant j'ai prié ma tante, ma sœur ou mon père, de vous dire combien je serais heureuse de vous recevoir chez moi... vous m'auriez indiqué une heure à votre convenance, ma porte eût été fermée à tout le monde... et nous aurions longuement causé sans redouter les fâcheux...

— Mon enfant, — dit Joseph d'un ton grave et pénétré, — je t'ai vue naître, j'ai pour toi une affection sincère; si jamais, ce qu'à Dieu ne plaise! tu avais sérieusement besoin de moi, tu pourrais compter sûrement sur ma vieille amitié ; mais, je te l'avoue, avec ma franchise habituelle, en raison de plusieurs motifs faciles à deviner, il me serait pénible d'aller chez toi... sans y être appelé par des intérêts sérieux.

— Enfin, puisque la glace est rompue... et que nous nous sommes revus, je compte maintenant sur mon heureuse étoile pour vous rencontrer, vous et Fortuné, quelquefois chez ma tante, — répondit affectueusement la comtesse. Puis, s'adressant à la vieille fille et à Marianne, — chère tante, et toi, petite sœur, vous m'excusez de ne pas vous avoir encore embrassées?

La jeune femme embrassa tendrement sa tante et Marianne. Celle-ci, trop éprise pour n'être pas clairvoyante, ne répondit pas aux caresses de sa sœur avec son effusion accoutumée, remarquant, non sans une chagrine appréhension, le trouble que causait à Fortuné la rencontre imprévue d'Aurélie, trouble si évident que l'orfèvre, craignant de se trahir, dit à la vieille fille :

— Adieu, tante Prudence...

— Hélas !.. il n'ajoute pas *à ce soir*, — pensait tristement Marianne, — le voilà plus que jamais amoureux de ma sœur... en un seul moment je perds tout ce que j'avais gagné dans l'affection de Fortuné !...

— Comment ! tu t'en vas déjà, mon garçon ? — avait répondu la vieille fille à l'orfèvre, — qu'est-ce donc qui te presse autant ?

— Voilà trois mois que je suis absent, ma tante, je désire lire les lettres qui m'auront été adressées pendant mon voyage.

— Et de ce voyage, tu as été satisfait, sans doute ? — dit Aurélie à Fortuné, — grâce à ta célébrité, tu dois être aussi connu en Angleterre qu'en France...

— La reine l'a reçu avec une distinction toute particulière, — reprit le cousin Roussel, — elle a voulu assister elle-même à la mise en place du bel ouvrage d'orfèvrerie qui avait été commandé à Fortuné ; en un mot, la reine l'a reçu en grand artiste, elle lui a écrit, de sa main, une lettre charmante, en lui envoyant une vue de Windsor, dessinée par elle; disant dans sa lettre, avec beaucoup de grâce, que ce souvenir d'art était la seule chose qu'elle osât offrir à l'illustre artiste, en mémoire de son séjour en Angleterre.

— Fortuné, — reprit Aurélie, — combien tu dois être justement fier de ces hommages rendus à ton génie?

— Oh! sans doute, — reprit l'orfèvre, avec une secrète amertume, en songeant que, malgré *son génie,* Aurélie lui avait préféré M. de Villetaneuse. — Il n'est rien au-dessus des jouissances de l'amour-propre : le bonheur est là... pour ceux qui le cherchent là...

— Moi, tout ce que je crains, — ajouta Joseph, — c'est que d'autres têtes couronnées, s'autorisant du précédent de la reine d'Angleterre, prétextent de grandes commandes d'orfèvrerie pour attirer aussi Fortuné à leur cour pendant quelque temps.

—Je ne partage pas vos craintes à ce sujet, cousin Roussel,—répondit le jeune artiste. Et se hâtant de sortir, afin de cacher ses pénibles ressentiments, il reprit :
— Adieu ma tante... adieu Marianne...

Il se dirigeait vers la porte lorsque la comtesse lui dit, avec un accent de doux reproche :

— Et à moi..., tu ne me dis pas adieu?

— Adieu..., ma cousine,—ajouta-t-il sans lever les yeux, et il sortit suivi de Joseph qui, avant de quitter la chambre, s'adressant à Aurélie :

— Mon enfant, tu préviendras ton père de mon retour, s'il veut venir déjeuner demain matin avec moi, il me fera grand plaisir. Adieu. Je vais me débarrasser de cet accoutrement de voyage, qui m'a valu Dieu sait quels brocards de ta diable de tante,— et se tournant vers la vieille fille :

—La diable de tante, c'est vous, Prudence!

—Cela va de soi, cousin Roussel, vu que vous êtes un saint probablement ; et sur ce, saint Roussel, bon saint Roussel priez pour nous, s'il vous plaît!

— Tu le vois, — dit Joseph à Aurélie, — ta tante n'a pas changé, elle a toujours le dernier mot. Encore adieu... N'oublie pas de dire à ton père combien j'ai hâte de le revoir.

Ce disant, le cousin Roussel laissa la tante Prudence en compagnie de ses deux nièces.

VII

Les impressions de Fortuné à la vue d'Aurélie n'avaient point échappé à la vieille fille, aussi remarquant la tristesse de Marianne après le départ de son cousin, la physionomie de la tante Prudence devint-elle singulièrement âpre et sardonique à l'endroit de la comtesse, qui lui dit :

— Ma tante, j'aurais à causer avec vous...

— Hé bien ! causons, ma chère..., tu as, sans doute, à nous raconter comme quoi tu ne saurais suffire aux invitations de bals, de fêtes, de spectacles, dont on t'assomme ? Heureusement, à cet égard là, tu as la vie dure ; tu ne mourras point encore d'un excès de divertissement.

— Ma tante, — reprit Aurélie avec un sourire contraint, — l'entretien que je désire avoir avec vous... a une cause sérieuse, — et se tournant vers Marianne, — petite sœur, tu permets... que je me retire dans le salon avec notre tante ?

— Oh! oh! — fit celle-ci, — il s'agit donc d'une grosse confidence, madame la comtesse?

— Oui, ma tante, — répondit Aurélie sans paraître remarquer l'accent ironique de la vieille fille, et voyant Marianne se disposer à quitter son lit de repos, — je t'en conjure, petite sœur, ne te déranges pas, nous irons dans la chambre voisine... ou du moins, laisse-moi t'aider à marcher, appuie-toi sur moi... prends bien garde de faire un faux pas.

— Merci, Aurélie... je marche toute seule maintenant...

Marianne prononça ces mots avec une sorte de coquetterie amère, si l'on peut s'exprimer ainsi, se sentant presque fière de se montrer délivrée de son infirmité aux yeux de sa sœur, à qui elle reprochait la froideur des adieux de Fortuné.

La comtesse voyant Marianne se lever, descendre lestement de son lit de repos, se diriger vers la porte d'un pas égal et ferme, jeta un cri de joie si profond, si sincère, en courant vers sa sœur et l'embrassant tendrement, que malgré ses jaloux ressentiments, Marianne fut touchée aux larmes de cette nouvelle preuve de l'attachement d'Aurélie qui, la serrant dans ses bras, lui disait :

— Il est donc vrai, petite sœur, l'espoir du médecin n'a pas été trompé ; tu n'es plus boiteuse !

Puis se reculant de quelques pas, elle ajouta avec une expression de curiosité affectueuse et touchante :

— Je t'en prie, chère Marianne, si cela ne te fatigue pas, marche encore un peu... Si tu savais quel bonheur c'est pour moi de te voir à jamais débarrassée de cette vilaine disgrâce...

Marianne, à la fois souriante, attendrie, se prêta au désir de sa sœur, et fit quelques pas de plus.

— Ma tante, voyez donc ? — s'écria Aurélie, — voyez donc ! la taille de Marianne qui autrefois semblait dévier du côté où elle boitait, est maintenant souple, droite, élégante... l'on n'en saurait voir de plus jolie...

— Ah ! ma sœur, ma sœur ! — reprit Marianne doucement émue de la joie cordiale d'Aurélie, — tu me gâtes, tu me flattes...

— Je te flatte ! ma tante, est-ce que je flatte ma sœur ?

— Non non, tu dis vrai, — et la vieille fille ajouta tout bas, — allons, il y a toujours du bon dans le cœur d'Aurélie... J'étais cependant fort en humeur de faire payer à madame la comtesse, le chagrin jaloux dont a souffert ma pauvre Marianne ; mais après tout, est-ce la faute à Aurélie, si Fortuné la trouve toujours belle et séduisante ?

Pendant les réflexions de la vieille fille, les deux sœurs échangèrent encore quelques tendresses, Marianne sortit et laissa Aurélie avec sa tante. Celle-ci fut frappée de l'expression douloureuse que prirent soudain les traits d'Aurélie. Hélas ! cette jeune femme de dix-neuf ans, déjà ployée, rompue au monde et à ses exigences, avait vitement acquis l'habitude de dissimuler ses émotions et de prendre au besoin le masque voulu par les circonstances.

— Ma tante, vous l'avez deviné, j'ai à vous faire une confidence, — dit Aurélie d'une voix altérée, — une grave confidence.

— Parle, je t'écoute, nous avons le temps de causer.

— Le temps… — reprit amèrement la comtesse en tirant sa montre, et y jetant les yeux, — puis elle ajouta : — Ma tante, il est midi et demi, il faut qu'avant que deux heures aient sonné, j'aie pris une résolution, d'où peut dépendre mon avenir.

VIII

La vieille fille entendant Aurélie lui dire avec un accent navrant, qu'avant deux heures elle devait avoir pris une résolution d'où pouvait dépendre son avenir, la vieille fille interrompit soudain son tricot, manifestant ainsi son profond étonnement, regarda fixement sa nièce par-dessus les verres de ses besicles et lui dit :

— Cette confidence est donc encore plus grave que je ne pensais, de quoi s'agit-il ?

— Ma tante, vous et notre cousin Roussel, vous êtes les seules personnes de notre famille, qui ayez un jugement ferme et un sens droit.

— Cette découverte est un peu bien tardive, Aurélie.

— Je vous comprends, laissez-moi achever. Vous savez si j'aime ma mère et mon père ; mais aveuglés par leur tendresse pour moi, ils seraient incapables de me donner un sage conseil dans la situation où je me trouve : je ne veux pas d'ailleurs les affliger, c'est donc à vous, ma tante, ou à notre cousin Roussel, que je devais m'adresser. Je vous ai choisie, parce que, il est des confidences moins pénibles à faire à une femme qu'à un homme.

— Je te sais gré de ta confiance, j'y répondrai par une sincérité absolue. Mon défaut n'est point de ménager les vérités.

— D'abord, ma tante, veuillez lire cette lettre... je l'ai reçue ce matin par la poste.

Et la comtesse entr'ouvrant son corsage agité par les soulèvements précipités de son sein, prit une enveloppe qu'elle remit à la tante Prudence. Celle-ci lut à haute voix ce qui suit :

Madame,

« Votre mari vous trompe d'une ma-
« nière indigne, il dépend de vous de

« vous en assurer ; voici le moyen : Prenez
« un fiacre, baissez les stores, faites-vous
« conduire aujourd'hui vers les deux heu-
« res, *Passage Cendrier*, dites au cocher de
« s'arrêter dans un renfoncement qui se
« trouve à peu de distance de la maison
« portant le n° 7. Attendez là quelques ins-
« tants, et vous verrez arriver et entrer
« successivement dans cette maison, où
« ils se donnent habituellement rendez-
« vous, M. de Villetaneuse et la femme à
« laquelle il vous sacrifie ; puis, au bout
« d'une heure ou plus, vous les verrez res-
« sortir tous deux séparément.

Un ami inconnu.

« *P. S.* La personne dont il s'agit ne
« vient jamais chez vous, quoiqu'elle ne
« vous soit pas inconnue. M. de Villeta-
« neuse et elle, ont dîné avant-hier tête à
« tête au *Cadran bleu*, et sont allés ensuite
« à l'*Ambigu-Comique*, dans une loge d'a-
« vant-scène, soigneusement grillée. »

Un assez long silence suivit la lecture de cette lettre anonyme, lecture pendant laquelle des larmes d'humiliation vinrent souvent noyer les beaux yeux d'Aurélie, tandis que du bout de son petit pied, elle frappait fébrilement et par intermittence le parquet.

— Ma chère nièce, — dit enfin la vieille fille en remettant la lettre à Aurélie, qui froissa convulsivement dans sa main l'écrit anonyme, — Je ne t'accablerai point de ce stérile et désespérant : *Je vous l'avais bien dit...* mais je...

— Et j'ai voulu me tuer pour lui ! — s'écria la jeune femme, en bondissant sur son siége et se levant d'un air presque égaré.

— A son abandon, j'ai préféré la mort ! Mon Dieu ! mon Dieu !... — Et elle retomba assise en cachant entre ses mains son visage légèrement pâli et contracté par un sourire d'une amertume navrante.

— Ma pauvre Aurélie, — dit la tante Prudence en secouant tristement la tête, — le passé est malheureusement le passé... ne récrimine point contre toi, le mal est irréparable, songeons au présent.

— Le passé est regrettable, le présent odieux... jugez de l'avenir, ma tante. Ah ! quelle vie !

— Calme-toi... je conçois ton chagrin... ton indignation... mais l'indignation ne raisonne point et il nous faut raisonner...

— Pardon..., ma tante, pardon ! — murmura la jeune femme en se jetant au cou de la vieille fille, — je suis bien malheureuse...

Et ses larmes longtemps contenues coulèrent avec abondance.

La vieille fille, en répondant à l'étreinte de sa nièce, se disait :

— Hélas ! elle n'est qu'au commencement de ses peines... Ah ! que de malheurs j'entrevois... — Et elle ajouta en soutenant Aurélie éplorée :

— Allons ! courage... ne suis-je pas là ?.. un peu quinteuse et grondeuse... mais au fond affectionnée à la famille ?

— Ah ! ma tante, sans vous que deviendrais-je ?.. à qui me confier ? Vous connaissez maman... la lecture de cette lettre l'aurait bouleversée, mise en fureur... et mon pauvre bon père n'aurait pu que pleurer...

— J'approuve complètement ta réserve envers ton père et ta mère, dans cette pénible circonstance ; mais afin que je puisse voir un peu clair à tout ceci, il faut que tu répondes franchement à quelques-unes de mes questions.

— Vous le savez, je n'ai jamais menti...

— Non... tu es la sincérité même. Réfléchissons d'abord... Cette lettre est anonyme : ces ignobles dénonciations doivent inspirer peu de créance...

— Mais les détails qu'elle donne, ma tante... ces détails si positifs...

— Admettons au pis aller la vérité de cette lettre... soit. Ton mari est infidèle... c'est un malheur, un grand malheur... mais, dis-moi, et ce n'est pas là un reproche de dissimulation que je t'adresse..., lorsque tu venais nous voir... lorsque ta sœur allait chez toi, tu nous parlais toujours de ton bonheur ?...

— Ma tante...

— Mon Dieu... Je comprends ton embarras : les peines de l'âme ont leur pudeur. Souvent une femme préfère souffrir en silence, par dignité pour elle et pour l'homme qui cause son chagrin... Ah ! ma pauvre enfant... je ne sais qui a dit : *Les crimes dévoilés ne sont rien auprès des crimes demeurés dans l'ombre...* Crois-moi, l'on peut dire aussi : Les chagrins révélés ne sont rien auprès de ceux qui demeurent ensevelis au plus profond de bien des cœurs !

La vieille fille, accentua ces mots avec une si touchante mélancolie, ses traits exprimèrent une si tendre bienveillance que la comtesse, non moins surprise que l'avait été autrefois sa sœur, lors de la confidence de son amour pour Fortuné, regardait, écoutait la tante Prudence, dans une sorte de stupeur et lui dit enfin, subissant un charme tout nouveau pour elle :

— Combien je regrette mon hésitation à m'ouvrir à vous, ma tante !

— Tu craignais mes railleries, mes gronderies... Es-tu un peu rassurée ?

— Ah ! je le suis tout à fait !

— Hé bien donc, mon enfant, parle en toute confiance... Voyons, dis-moi ? est-ce d'aujourd'hui seulement que tu as à te plaindre de ton mari ?

— Je n'en sais rien... ma tante ?

— Comment... tu n'en sais rien ?

— Ma réponse doit vous paraître étrange... stupide... insensée... cependant elle est sincère.

— Tu ne sais pas si tu as eu, jusqu'à aujourd'hui, quelque grief à reprocher à ton mari ?

— Non... en cela que jamais, depuis notre mariage, il n'a manqué de soins, d'égards, de prévenances pour moi. J'aime la toilette, il me donne pour cette dépense douze cents francs par mois, et me dit souvent : « si cette somme ne vous suf- « fit pas, ma chère amie, vous aurez da- « vantage. » Il veille à ce que ma voiture soit toujours très élégamment attelée ; il m'a loué une loge à l'Opéra et aux Italiens ; enfin, que vous dirai-je ? Il se montre empressé, attentif, lorsqu'il est près de moi, moments bien rares, il est vrai.

— Bien rares ?

— Oui, ma tante...

— Ton mari sort donc souvent de chez lui ?

— Il sort le matin après déjeuner... il ne rentre qu'à l'heure du dîner, puis sauf nos jours d'Opéra et d'Italiens où il vient quelquefois, il passe toutes ses soirées dehors... et de ma chambre, voisine de la sienne, je l'entends souvent rentrer fort tard chez lui.

— Et... depuis combien de temps a-t-il adopté cette manière de vivre?

— Depuis le lendemain du jour de notre mariage. Il m'a présenté aux femmes de sa connaissance, lors de nos visites de noces; et m'a accompagnée une ou deux fois chez les personnes qui recevaient le soir, puis il m'a dit : « Maintenant, ma « chère amie, vous pourrez aller seule « dans le monde... » Et depuis lors, en effet... j'y vais toujours seule.

— Est-ce que tu n'as pas été d'abord surprise, chagrine, de l'espèce d'isolement ou te laissait ton mari?

— Oh! si, ma tante... J'avais cru passer mes journées entières auprès de lui, vivre enfin avec lui ainsi que j'avais vu toujours mon père vivre avec ma mère.

— Tu oubliais que ton père et ta mère vivaient... à la bourgeoise... en bonnes gens... chaque classe a ses coutumes.

— C'est ce que j'ai pensé; aussi de

crainte de paraître ridicule aux yeux de mon mari, j'ai accepté, sans oser me plaindre, cette vie, si différente de celle que j'avais rêvée.

— Ah! oui, les rêves... c'est charmant, c'est ravissant... malheureusement ils ont l'inconvénient d'être suivis du réveil... Ah çà, et ta mère, ton père, ne s'étonnaient point des fréquentes absences de ton mari ?

— Ma mère... me disait : « Il paraît « que c'est le grand genre de vivre ainsi. »

— C'est juste, et mon pauvre frère répétait sans doute en soupirant : « Allons, « Mimi, puisque c'est le grand genre... va « pour le grand genre ! Pourvu que Fifille « soit heureuse ! » Enfin tu usais de la liberté absolue que te laissait M. de Villetaneuse ?

— D'abord, affligée de ma première déception, j'ai passé bien des soirées seule, triste, découragée ; puis cédant aux instances de maman et à celles de mon mari, qui me reprochait de laisser se faner mes jolies toilettes, je suis allée dans le monde tantôt avec ma mère, tantôt seule ;

ma première timidité surmontée, et elle était extrême, le monde m'a plu chaque jour davantage ; c'était, je l'avoue, un étourdissement, mais...

— Cela valait mieux que tes soirées écoulées dans de tristes réflexions, et puis... tu dois être très entourée, très recherchée... ta beauté attire autour de toi un brillant essaim d'admirateurs ?

— Ma tante...

— Ma pauvre enfant, tu me connais, ce n'est pas, Dieu m'en garde, à dessein de flatter ta vanité que je te parle de la sorte. Je suis environ comme un médecin que l'on consulte... je précise des faits, et quant à ta beauté... s'il m'était possible de te rendre à l'instant aussi laide que moi... je n'y manquerais point, et jamais je ne t'aurais donné meilleure preuve de tendresse... je m'entends... continuons... Le monde te plaisait chaque jour davantage, tu t'y voyais naturellement très entourée, ainsi que doit l'être une jeune et charmante femme isolée de son mari ; les plus élégants se disputaient tes regards, tes sourires; enfin, avoue-le moi, ces adorations te plaisaient...

— Oui, ma tante.

— Et tu devenais peu à peu coquette, mais coquette en honnête femme... qui cherche ou s'amuse à plaire... rien de plus, rien de moins... c'est ma conviction, je suis certaine qu'elle n'est pas trompeuse...

Ce disant, la tante Prudence attacha ses yeux fins et pénétrants sur Aurélie. Celle-ci soutint ce regard avec le calme d'une conscience pure et reprit amèrement :

— Ah! ma tante! si j'avais la moindre chose à me reprocher... serais-je aussi indignée, aussi blessée de la conduite de mon mari? Non, non, ces hommages, ces coquetteries, je vous l'ai dit, m'amusent, m'étourdissent et surtout...

— Allons achève... Pourquoi cette réticence... ne me cache rien...

— Ah! ma tante, vous me le disiez autrefois : « Tu ne seras jamais qu'une étran- « gère, qu'une intruse dans la société de « ton mari... »

— Cela devait être... ces grandes dames,

jalouses de ta beauté, te font sentir... ton manque de naissance...

— Et je me venge, en étant coquette avec les hommes qui s'occupent d'elles ; triste vengeance, ma tante, car lorsque rentrée chez moi après ces fêtes brillantes, je me retrouve seule ; l'enivrement cesse, souvent je redeviens d'une tristesse mortelle... Que sera-ce donc maintenant? maintenant que cette odieuse lettre m'a ouvert les yeux ! me prouve que mon mari ne m'a jamais aimée ! Non non, l'isolement où il me laisse... la liberté qu'il m'accorde... sont autant de preuves de son indifférence ! Il me dédaigne ! — Et la comtesse redressant la tête, fière et courroucée, ajouta : — Être dédaignée... Ah ! pour la première fois, j'endure cet outrage!!

— Aurélie, prends garde ! Cette colère hautaine est mauvaise ; elle peut suggérer des idées de vengeance, et une femme trompée, qui se venge de son mari par la loi du talion, se déshonore.

— Rassurez-vous, ma tante : je ne suis pas, je ne serai jamais de ces femmes-là.

— Je te crois, et tout me dit que tu es sincère. Je t'ai attentivement écoutée, tu m'as demandé mes conseils, les voici : Tu vas jeter cette lettre anonyme au feu, regarder la délation qu'elle renferme comme une calomnie, et, surtout, tu te garderas bien d'aller t'assurer, à l'heure dite, de la réalité du rendez-vous dont il est question. Résigne-toi, ferme les yeux ; continue de jouir en honnête femme de cette vie frivole et brillante, où tu trouveras, bientôt du moins, l'oubli de ton chagrin.

— Me résigner à un outrage si humiliant ! — reprit la comtesse avec stupeur, après avoir écouté la vieille fille. — Quoi ! ma tante, c'est vous,... vous, qui me conseillez cette lâche résignation ?

— Il n'est pas d'autre parti à prendre. Que veux-tu faire ?... Que peux-tu faire ?

— Que sais-je !...

— Hé ! sans doute, tu ne le sais pas ; c'est tout simple : ta dignité, ta droiture s'opposent à ce que tu rendes à ton mari outrage pour outrage. Encore une fois, résigne-toi noblement, dignement.

— Me résigner à voir chaque jour

l'homme qui me trompe, me dédaigne, rit de moi, sans doute, avec sa maîtresse !... Elle est donc bien belle, sa maîtresse !

— Ma pauvre enfant, parlons raison : Tu ne veux pas te venger, tu ne peux pas te résigner ; que feras-tu ?

— Je me séparerai de mon mari.

— S'il y consent.

— Il le faudra bien !

— Il n'y consentira pas.

— Ma tante !...

— Il n'y consentira pas, tant que...

Et s'interrompant, la tante Prudence ajouta mentalement :

— Révéler à Aurélie que cet homme l'a épousée pour sa dot, qu'il dissipe sans doute, c'est porter un dernier coup à cette malheureuse jeune femme ; c'est l'exaspérer ; c'est la pousser à des extrémités dont les conséquences m'épouvantent.. Elle est si belle !

— Achevez, ma tante ; — avait dit Aurélie, lorsque la vieille fille s'était interrompue.

— Je te le répète, ton mari ne consentirait pas une séparation tant qu'il lui conviendra de vivre avec toi, pour une raison ou pour une autre ; enfin, tu aimes ta mère, ton père ?

— C'est la crainte de les désespérer qui m'a conduite à vous confier mon pénible secret.

— Songe donc alors à la douleur de ta mère, de ton père, à cette idée de séparation au bout d'une année de mariage... Et dans le cas même où cette séparation serait possible, songe donc aux railleries sanglantes, au triomphe insolent de ces femmes qui te jalousent ! « Voyez donc
« cette petite bourgeoise qui a voulu ve-
« nir s'asseoir parmi nous, » — diront les grandes dames de ta société, — « son mari
« l'a trouvée si sotte, si gauche, malgré sa
« beauté, qu'au bout d'un an de mariage,
« elle lui est devenue insupportable ; il lui
« a fait des infidélités, et il la renvoie chez
« ses parents ; qu'elle y reste ! nous ne la
« recevrons certainement plus dans nos
« salons.. cette comtesse de hasard ! »

— Oh ! oui.. — reprit Aurélie avec un

dépit amer. — Elles sont assez envieuses, assez méchantes pour dire cela!

— Aussi juges de leur joie à la nouvelle de cette séparation ! Elles te fermeront leur porte au nez, ravies d'être débarrassées d'une rivale qui les écrasait... Ce sera bien une autre chanson, ma foi, dans l'ancienne société de tes parents ; chez les Huguet, les Richardet, les Chamousset ! « Ah!
« ah ! mademoiselle Jouffroy a fait la su-
« perbe ! la glorieuse ! Elle a voulu deve-
« nir madame la comtesse... la voilà joli-
« ment lottie, son mari l'a plantée là ; le
« grand monde où elle s'était faufilée,
« grâce au nom qu'elle portait, lui tourne
« le dos, à cette fière comtesse! Ah, ah, ah,
« comme c'est bien fait.. Que nous som-
« mes donc contents ! qu'elle s'avise
« maintenant de venir dans notre société !
« nous la recevrons d'une drôle de façon,
« madame la comtesse ! »

— Oh ! c'est indigne ! c'est affreux ! — reprit Aurélie avec des larmes de colère, — méprisée par les uns, moquée par les autres... Mon Dieu !.. mon Dieu !..

— Oui, méprisée par les uns, raillée

par les autres, voilà ma pauvre enfant ce qui t'attend si tu donnes un irréparable et scandaleux éclat à une triste découverte qui doit rester cachée ; crois-moi donc, continue de vivre comme par le passé, estimée des honnêtes gens, si tu te conduis toujours en femme de bien : allons mon enfant, courage... Certes, j'aurais préféré pour toi un autre mariage, mais enfin, ce qui est fait est fait, tâche donc de tirer le meilleur parti possible de ta position, ferme les yeux sur l'infidélité de ton mari, ce sera sagesse et dignité, votre vie est arrangée de telle sorte que tu le vois peu, il sera donc pour toi facile de contenir la première âpreté de ton ressentiment ; puis tôt ou tard, le temps, les distractions de la vie mondaine, amèneront forcément l'oubli d'un chagrin si vif aujourd'hui. Je t'en conjure, mon enfant, suis mon conseil, il est sensé, il est le seul que je puisse te donner.

— Oui..... vous avez raison, — reprit Aurélie le regard fixe, pensif, et en ce moment frappée, convaincue de la justesse des avis de la vieille fille, et résolue de les suivre.—Merci... merci ma bonne tante... Hélas ! si je vous avais toujours écoutée...

— Bon, bon, tous les *hélas !* du monde à propos du passé ne valent pas une ferme décision à propos du présent... est-elle prise... bien prise, cette décision ?

— Oui, ma tante...

— Embrasse-moi, chère enfant ! et puisqu'il y a déjà un secret entre nous, je t'en supplie... si désormais il t'arrive quelque nouveau chagrin, viens tout de suite à moi, surtout pas de coup de tête ! Je me défie de ta tête, et j'ai foi dans ton cœur...

— Je vous le promets, ma tante ! je suivrai vos avis, je viendrai à vous si un nouveau coup me frappe ! — répondit la comtesse en embrassant sa tante. Et craignant d'éveiller par l'altération de ses traits, les inquiétudes de sa sœur, elle sortit sans revoir Marianne.

IX

Madame de Villetaneuse avait promis à sa tante, de fermer les yeux sur l'infidélité de son mari, et de se résigner à cet outrage avec une sage dignité. Cependant, elle ne put résister à la poignante curiosité de s'assurer de la réalité des détails donnés par la lettre anonyme.

— Il se pourrait que cette délation fût mensongère, — pensait la jeune femme; — s'il en était ainsi, quelle serait ma joie; si, au contraire, la cruelle certitude m'est acquise, elle ne changera rien à ma résolution de suivre les avis de ma tante.

Aurélie, dans sa précipitation à se rendre chez la vieille fille, n'avait pas voulu attendre que ses chevaux fussent attelés ; elle était sortie en fiacre ; elle dit au cocher qui l'attendait, de la conduire passage Cendrier et d'arrêter sa voiture dans un endroit qu'Aurélie désigna, ensuite d'une seconde lecture du billet anonyme ; puis elle baissa soigneusement les stores, et le fiacre se mit en marche.

Il y a peu de distance entre la Cour-des-Coches et le passage Cendrier, où la voiture entra bientôt. Il est assez désert et bordé de hautes murailles, servant de clôture aux jardins voisins. Le fiacre, selon les indications d'Aurélie, s'arrêta dans une sorte de renfoncement, formé par la retraite de deux pans de murs.

De cet endroit, l'on apercevait, à quelques pas, une maison d'assez pauvre apparence, dont la porte bâtarde était surmontée du n° 7, ainsi que l'annonçait la lettre anonyme. Les persiennes du second étage de cette demeure étaient fermées.

Au bout d'environ un quart d'heure d'attente, Aurélie regardant à travers l'étroite ouverture laissée entre la bordure du store et le panneau de la portière, vit d'assez loin venir Henri de Villetaneuse, fumant négligemment son cigarre, et se dirigeant vers la maison du n° 7. Un moment avant que de frapper à la porte, il s'arrêta, remarquant à quelque distance un fiacre stationnaire, aux stores baissés ; puis, supposant que cette voiture était celle de la personne qui l'avait probablement devancé au rendez-vous convenu. Henri de Villetaneuse hâta sa marche, frappa à la porte bâtarde qui s'ouvrit, et se referma sur lui.

Aurélie ne conserva plus aucun doute sur l'infidélité de son mari... et quoiqu'elle dût s'attendre à cette découverte, un nuage passa devant ses yeux; un élancement aigu poigna son cœur, ce qu'elle souffrit en ce moment fut affreux... cent fois plus affreux que ce qu'elle avait souffert une heure auparavant, en admettant la possibilité du fait qui se réalisait. Elle se remettait à peine de son émotion, lorsqu'elle entendit au loin, dans le passage, le roulement d'une voiture; sa marche se ralentissait à mesure qu'elle se rapprochait du n° 7. La comtesse, se plaçant encore aux aguets, vit un fiacre aux stores baissés, s'arrêter devant la porte bâtarde. Le cocher quitta son siége, vint ouvrir la portière, et une femme de petite taille, enveloppée d'un long châle de cachemire orange, bondit, plutôt qu'elle ne descendit du fiacre; puis tout en frappant à la porte, se retourna pour adresser quelques mots au cocher.

Quelle fut la stupeur de madame de Villetaneuse en reconnaissant madame Bayeul... cette effrontée petite femme aux cheveux blonds-ardents qui, lors de la première entrevue de mademoiselle Jouffroy et du comte, avait si vivement excité le dépit jaloux de la jeune fille.

Ce nouveau coup fut peut-être plus douloureux encore à Aurélie que le premier. Peu de moments après cette cruelle découverte, elle se fit conduire à l'hôtel de Villetaneuse.

X

Le père Laurencin, après avoir rencontré chez la tante Prudence, et d'une manière si imprévue Catherine de Morlac, s'informa de la chambre qu'elle habitait dans la maison, et après plusieurs tentatives inutiles faites dans cette même journée, il trouva Catherine chez elle peu de temps avant la tombée de la nuit.

Cette femme, qui pendant plus de quinze années avait vécu au milieu des recherches du luxe, cette brillante et insatiable courtisanne habituée à voir ses fastueux amants s'empresser de prévenir ses moindres caprices, occupait au cinquième étage une petite chambre, éclairée par une fenêtre en tabatière, mansarde froide, sombre, aux murailles nues et crevassées; un lit de fer garni d'un mince matelas; une table, une chaise, une commode; quelques grossiers ustensiles de ménage placés sur une tablette scellée dans le mur, tel était l'ameublement.

Assise au-dessous de l'étroit châssis vitré, qui filtrait une rare lumière dans la mansarde, Catherine rapiéçait des bas, au moment où le vieil artisan entrait chez elle. En retrouvant dans ce taudis, vêtue d'une robe grossière, cette femme qu'il avait vue dans un appartement splendide, habillée avec une rare élégance, le père Laurencin fut ému de ce contraste entre le présent et le passé, puis, refrénant cette pitié en songeant aux conséquences fâcheuses que pouvait avoir pour Michel, la présence de sa mère en cette maison, le vieillard dit à Catherine, qui s'était levée à son approche :

— Dieu soit loué ! vous êtes ruinée... Il y a une justice au ciel ! Ces richesses, fruit de votre honte, vous les avez perdues...

A ces paroles, la courtisanne ne répondit pas d'abord, elle resta pensive, et reprit au bout de quelques instants.

— Je devrais vous laisser croire à ma ruine... ce serait de ma part plus méritoire ; mais vous serez peut-être indulgent pour moi en sachant la vérité... Non, je ne suis pas ruinée...

— Alors pourquoi donc vivez-vous dans cette mansarde ? Pourquoi faites-vous des ménages ? Pourquoi gardez-vous des malades ?

— Je fais des ménages, je garde des malades, je ravaude des bas, j'accepte, je demande les travaux les plus humbles, afin de gagner ma vie laborieusement, honnêtement, et je la gagne... je loge dans cette mansarde...; parce que mon fils demeure dans la maison.

— Ainsi, vous espérez... vous osez...

— Ne craignez rien, vous possédez mon secret ; jamais je n'abuserai de la facilité que j'ai maintenant de voir ou d'entrevoir seulement mon fils... Ah ! si vous saviez quel bonheur c'est pour moi d'habiter la même maison que lui... de le savoir là... près de moi... Tenez, monsieur Laurencin, cette pauvre mansarde, je ne la changerais pas maintenant contre un palais...

— Et c'est vrai...? c'est bien vrai, ce que vous dites là ?..

— Pourquoi mentirais-je...

— Si je pouvais vous croire... Quoi ! il dépendrait de vous de vivre comme autrefois dans le luxe et les plaisirs, mais transformée, régénérée par l'amour maternel ; vous préférez de vivre dans une laborieuse pauvreté, afin de... Non, non, c'est impossible ! Un tel sacrifice ! une résignation si noble ! si courageuse de votre part... non, cela n'est pas vrai ! vous êtes ruinée, votre ruine vous impose une existence misérable, mais vous voulez me persuader que vos privations sont volontaires ! Je ne serai pas dupe de votre astuce !

La courtisanne sourit tristement, alla vers sa commode, prit dans l'un des tiroirs un portefeuille, le remit au vieillard et lui dit :

— Ouvrez ce portefeuille... monsieur Laurencin, et assurez-vous de ce qu'il renferme.

— Que vois-je ! — s'écria le vieil artisan

avec une stupeur croissante, — des billets de banque, des bons du trésor... des inscriptions de rente au porteur...

— Ces valeurs représentent plus de trois cents mille francs, — répondit simplement Catherine, — vous pouvez vous convaincre de ce que j'avance.

— Est-ce que je rêve ? Non, non, cette femme ne ment pas... elle est toujours riche... — Et s'adressant à Catherine, encore étourdi de l'évidence de ces preuves, le vieillard ajouta : — Mais de ces sommes considérables... quel usage comptez-vous faire ?

— L'usage que j'en fais depuis trois mois, monsieur Laurencin.

— Que voulez-vous dire ?

— Quoique de retour ici ce matin même... peut-être avez-vous entendu parler d'un bienfaiteur mystérieux qui... souvent...

— ...Vient au secours d'une foule de misères si nombreuses ici parmi les habitants de la cour des Coches ? Oui, c'est une des premières choses dont la portière nous a entretenus, Michel et moi, dès notre arrivée. Mais personne n'a pu jusqu'ici découvrir quel était ce mystérieux bon génie...

— Ce secret, je peux vous le confier, si vous me promettez de le garder fidèlement.

— Je vous le promets.

— Eh bien, ce bienfaiteur mystérieux c'est...

— Achevez...

— C'est moi...

— Vous!!

— Oui, monsieur Laurencin.

— Est-il possible... C'est vous... vous!!

— Grâce à la fortune que je possède en portefeuille rien ne m'est plus facile que de venir en aide à un grand nombre de souffrances dignes d'intérêt, ma présence dans cette maison depuis trois mois, vous expliquera comment ce mystérieux bienfaiteur est si exactement informé des misères des habitants de la *Cour des Coches*... Maintenant, monsieur Laurencin, m'accuserez-vous encore de mensonge ?...

— Grand Dieu !... vous accuser, — s'écria le vieillard profondément ému. —

C'est à moi de vous demander pardon de mes soupçons.

— Ma conduite passée les autorisait... J'avais d'abord songé à vous cacher, le peu de bien que je faisais; l'expiation de mes désordres m'eût ainsi paru plus complète ;... mais j'ai craint ce qui est arrivé... j'ai craint que vous ne voyiez dans ma résolution de gagner désormais honnêtement, laborieusement mon pain... qu'une exigence de la nécessité... J'aurais ainsi peut-être mérité votre pitié... mais non votre estime... et il faut que vous m'estimiez pour me permettre de voir souvent mon fils...

— Quel changement, mon Dieu, — dit le vieillard en levant les mains au ciel, — quel changement... dans cette femme?

— Il vous surprend ?...

— J'en crois à peine ce que je vois, ce que j'entends...

— Ah! je vous le disais bien... que j'étais devenue mère... après avoir été si longtemps sans entrailles pour mon enfant! Tenez... le jour même où vous m'avez apporté ce bracelet... Oh! ce bijou...

il est le seul que j'ai conservé... je le porte toujours.—Et, relevant la manche de sa robe grossière, elle montra le précieux joyau agraffé à son bras, — ce bracelet, ne me quittera qu'à ma mort, il date pour moi le jour où j'ai revu mon fils ; ce jour-là donc, je causais avec mon homme d'affaires, nous établissions le chiffre de ma fortune, il s'étonnait de mon insatiable cupidité : — « Monsieur Bayeul, — lui di-
« sais-je, — je songe à l'avenir, j'ai vu tant
« de femmes de mon espèce, après avoir
« roulé sur l'or, réduites à un sort igno-
« ble ! abject ! que sais-je, à être gardes
« malades ou femmes de ménage, et à
« vivre dans un galetas, que je veux échap-
« per à une si horrible destinée... » — Je disais vrai : ce sort me paraissait en ce temps là hideux, horrible... Il est aujourd'hui le mien, volontairement le mien, et j'en suis heureuse... j'en suis fière... car maintenant, — ajouta Catherine les larmes aux yeux, — car maintenant, vous m'estimez, bon père... car maintenant vous ne redouterez plus ma présence dans la maison où demeure mon fils.

— Il est donc vrai... tout peut s'expier... tout peut se pardonner ! — reprit le vieil artisan ne pouvant retenir ses pleurs. — Catherine... vous êtes la plus vaillante... la meilleure des mères...

Le père Laurencin tendit ses bras à la courtisane. Mais celle-ci tombant à ses genoux, saisit ses mains qu'elle couvrit de larmes et de baisers.

— Non, non, venez dans mes bras, sur mon cœur, pauvre femme ! — s'écria le vieillard en la relevant et la serrant paternellement contre sa poitrine.

XI

Un assez long silence suivit la réconciliation de Catherine et du père Laurencin ; tous deux accablés par l'émotion se sentaient trop oppressés pour parler. La courtisanne reprit :

— Bon père... oh ! n'est-ce pas, vous permettez que je vous appelle ainsi...

— Oui, oui, car il me semble que mon fils témoin de votre repentir, de votre expiation, de votre tendresse maternelle, vous aurait pardonné comme je vous pardonne.

— Oh ! merci... merci ! — répondit Catherine en baisant encore les mains du vieillard, — laissez-moi vous dire en peu de mots, bon père, comment je suis venue m'établir dans cette maison... et ce que j'attendrais encore de la bonté que vous me témoignez... si mon désir est réalisable...

— Parlez... parlez...

— Le lendemain du mariage de M. de Villetaneuse... j'ai quitté ma demeure ; malgré ses recherches, il a perdu mes traces; je suis allée, vous le savez, loger au fond du marais, vous me permettiez de temps à autre de voir mon fils chez M. Roussel... Je vous l'avoue... la rareté de ces entrevues me désolait. J'appris votre départ et celui de Michel pour l'Angleterre... J'avais réalisé en une somme considérable tout ce que je possédais. Il me semblait déshonorant, depuis que je sentais ma dignité de mère, d'user personnellement de ces biens honteusement acquis, je crus pouvoir les utiliser d'une façon généreuse. Décidée que j'étais à gagner laborieusement ma vie et à me rapprocher de mon fils; profitant de votre absence de la maison, j'y ai loué cette mansarde. La cour des Coches est presque entièrement peuplée de pauvres artisans, il me serait donc possible, me disais-je, de secourir des infortunes méritantes en demeurant inconnue, je pourrais aussi, grâce au grand nombre de locataires de cette maison et des maisons voisines, trouver quelques occupations qui me rapporteraient un modique salaire : je mettais à honneur de ne pas distraire, pour mes besoins personnels, quoi que ce fût de la somme réalisée par moi.

— C'était beau, c'était bien ! vous êtes une vaillante femme !

— Mes désirs furent comblés. Peu de temps après mon arrivée dans cette maison, je gagnais de quoi vivre ; le hasard me permit de rendre un service à mademoiselle Marianne; depuis ce temps, j'ai été employée chez sa tante. Je connaissais mieux que personne les misères honorables d'un grand nombre de nos pauvres voisins, je leur venais en aide au moyen d'un mandat sur la poste, qu'ils recevaient dans une lettre, ou bien, m'adressant à quelque commissionnaire des quartiers éloignés, je le chargeais de porter différents objets aux personnes que je désirais secourir : ce messager ne devant jamais me revoir, ne pouvait trahir mon secret. J'attendais avec anxiété le retour de Michel et le vôtre, bon père, dans l'espoir que, touché de mon repentir, de mes efforts pour rentrer dans la bonne voie, vous me pardonneriez le moyen dont j'ai usé pour me rapprocher de mon fils, et que, peut-être... Mais je n'ose...

— Achevez, Catherine, achevez.

— Vivant dans cette maison, il me sera sans doute facile de me trouver souvent avec Michel... mais...

— J'y songe ; il m'a déjà plusieurs fois demandé comment il se faisait que vous fussiez devenue femme de ménage, vous qu'il a vue dans ce bel appartement de la rue Tronchet ?

— Nous dirons à Michel, et cela, sans mensonge, qu'un grave évènement, de riche, m'a rendue pauvre; mais, laissez-moi vous confier un projet, qui depuis quelque temps est le plus doux, le plus cher de mes rêves.

— Quel est-il ?

— Vous allez me trouver ambitieuse : rencontrer souvent Michel dans la maison; lui parler parfois ? ce sera pour moi un grand bonheur sans doute ; mais que voulez-vous..., je deviens insatiable ?

— Quel serait donc votre projet ?

— Dans votre profession d'orfèvre ; est-ce que l'on n'emploie jamais de femme comme ouvrière ?

— Si... ; elles sont pour la plupart brunisseuses ?

Catherine reprit avec un léger tremblement dans la voix qui trahissait l'anxiété de son espérance.

— Est-ce que leur apprentissage est très difficile ?

— Je devine votre pensée.

— Elle ne vous fâche pas ?

— Loin de là ; elle me touche ?

— Oh ! bon père ! — s'écria Catherine, en pressant les mains du vieillard entre les siennes, et attachant sur lui un regard brillant de larmes de joie. — Concevez-vous un bonheur égal au mien ? Etre acceptée comme ouvrière par M. Fortuné ? travailler avec vous et Michel ; être ainsi, près de lui, toute la journée...; toute la journée, mon Dieu! Tenez, ce serait si beau pour moi? qu'encore une fois, je n'ose espérer...

— Espérez, courageuse mère; espérez!

— Joies du ciel!

— Aujourd'hui même, je parlerai de votre désir à M. Fortuné.

— Oh! vous êtes bon! merci, merci! vous verrez... mon apprentissage sera prompt! l'intelligence ne me manque pas. Je passerai, s'il le faut, les jours, les nuits, afin de me rendre capable d'entrer dans votre atelier; de pouvoir y travailler à côté de mon fils! Jugez donc? en présence d'un pareil but, on ferait des prodiges! Et puis, ce but atteint, je n'aurai plus rien à désirer! puisque...— ajouta la courtisanne, avec un profond soupir, — puisque Michel doit toujours ignorer que je suis sa mère...

— Hélas!

— Comment lui expliquerais-je le mystère dont je me serais entourée, jusqu'au jour de cette révélation? Il me faudrait donc mentir? toujours mentir à mon fils;

et cela, voyez-vous, bon père ! je le sens... cela me serait aussi affreux, aussi impossible, que de lui dire : Je t'ai abandonné depuis ton enfance, pour vivre dans l'infamie !

— Il n'est que trop vrai, il vous faudrait choisir entre ces deux alternatives.

— Non, non, j'accepte résolument ma destinée, elle dépassera même mon espoir ! si je puis avoir le bonheur d'être employée chez M. Fortuné.

— Ce sera facile, notre patron occupe hors de l'atelier plusieurs ouvrières au brunissage de certaines parties de ses ouvrages d'orfèvrerie, je dirai à mon patron tout ce qu'il y a de beau, de bien, de vaillant dans votre conduite, il saura les mystérieux secours que vous donnez à tant de pauvres gens !

— Bon père ? Je vous demande en grâce, que ce secret reste entre vous et moi... s'il n'est pas nécessaire d'en instruire M. Fortuné pour qu'il m'accueille chez lui.

— Cela n'est pas sans doute indispensable, le service que vous avez rendu à sa cousine, votre repentir, votre louable conduite dans cette maison, suffiraient à l'intéresser à vous, lors même qu'il croirait seulement que vous avez perdu votre fortune.

— En ce cas, je vous en supplie, gardez-moi le secret. Il me serait doux de penser que vous seul le possédez! Je vous l'ai confié, dans l'espoir de mériter votre estime et de me rapprocher ainsi de Michel... Mais, faire cet aveu à une autre personne, sans nécessité absolue, serait ce me semble une sorte d'ostentation.

— Le sentiment qui vous guide, Catherine, est si délicat, que je ne saurais le contredire. Il en sera donc ainsi que vous le désirez! votre secret restera entre vous et moi; néanmoins, je suis certain de vous faire agréer comme ouvrière chez M. Fortuné.

— Quel bonheur, mon Dieu! je peux à peine y croire, et...

Mais soudain, le visage du vieillard s'attristant, il interrompit Catherine, en disant :

— Ah! fatal passé... fatal passé!

— Mon Dieu ! vous m'alarmez !

— Je pensais que vous auriez pu faire votre apprentissage dans notre atelier : intelligente et laborieuse, guidée par mes conseils, vous n'eussiez pas tardé à connaître votre nouveau métier...

— Ah ! de grâce, expliquez-vous ! cette incertitude me tue. Quel obstacle voyez-vous à ce projet ? En quoi peut-il être atteint par mon triste passé ?

— La clientèle de M. Fortuné est très restreinte, elle se compose de gens du grand monde, ils ont pu autrefois vous rencontrer à la promenade, au spectacle ; ils viennent souvent à l'atelier s'informer de leurs commandes, si l'un d'eux vous reconnaissait... et que devant Michel...

— Oh ! n'achevez pas... vous m'épouvantez ! — murmura la courtisanne, et elle répéta d'une voix déchirante : — Oui, vous dites vrai... fatal passé... fatal passé !!! Mon rêve était trop beau !.. allons, du courage... de la résignation !

— Pauvre femme ! — reprit le vieillard pensif, douloureusement attendri en voyant les larmes couler lentement des yeux de Catherine morne, abattue, puis soudain il ajouta : — mais, j'y songe, peut-être... y aurait-il moyen cependant...

— Oh! parlez... — dit la courtisane d'une voix palpitante et renaissant à l'espérance : — Oh! de grâce... parlez...

— En effet, — reprit le vieillard réfléchissant à son dessein, — Au lieu de travailler avec nous dans l'atelier, vous pourriez vous tenir durant le jour dans la chambre que Michel et moi nous occupons. Jamais les clients n'entrent dans cette pièce là... vous ne risqueriez pas d'être reconnue.

— Vous me sauvez, bon père! — s'écria Catherine avec un élan de joie indicible, et redevenant radieuse, — vous me sauvez! Je ne serai pas, il est vrai, à côté de Michel... mais il n'importe, je le saurai dans la pièce voisine ; puis d'ailleurs, quoique déjà presque méconnaissable sous les vêtements que je porte, j'emploierai tous les moyens possibles pour n'être jamais reconnue; vous verrez, je prendrai de larges bésicles comme mademoiselle Prudence. Je couperai mes cheveux, je les remplacerai par un tour de cheveux gris... et puis enfin, Dieu merci, les rides viendront bientôt changer, dénaturer complètement mes traits, alors je n'aurai plus à redouter d'être reconnue par ceux-là qui, autrefois, m'ont vue brillante et parée...

— Catherine, — reprit le père Laurencin, profondément ému, — j'aurais pu douter de votre conversion, que je n'en douterais plus à cette heure. Oh! vous êtes sincère, tout le prouve : ce complet détachement d'une beauté qui vous a été funeste, votre impatience de voir arriver les rides, la vieillesse..., enfin ! l'effroi de toutes les femmes !

— Hé ! que m'importe ma beauté, maintenant ! Est-ce que Michel n'est pas beau comme un ange ?... — s'écria Catherine dans son exaltation maternelle ; puis attachant sur le vieillard des yeux ravis : — Ainsi, bon père, c'est plus qu'une espérance, c'est une certitude ? M. Fortuné me recevra chez lui ? vous guiderez mon apprentissage ?

— Oui, je réponds d'avance du consentement de M. Fortuné. Tout s'arrangera, moyennant les précautions dont nous sommes convenus. Ayez bon courage, Catherine. Ce que vous venez de m'apprendre redouble mon estime, mon affection pour vous. Aussi voilà ce que je vous propose : Il y a longtemps que vous n'avez passé quelques moments avec Michel ?

— Oh! oui, longtemps! bien longtemps!

— Patientez jusqu'à après-demain dimanche, d'ici là, je parlerai de vos projets d'apprentissage à M. Fortuné, s'il les accepte, comme je n'en doute pas, nous irons passer à la campagne notre dimanche avec Michel. Pendant cette promenade, nous lui apprendrons que vous devez être désormais notre compagne de travail.

— Oh! merci... merci... Une journée passée près de ce cher enfant, et tant d'autres journées ensuite! N'être plus jamais séparée de lui, c'est à devenir folle de joie !

— Dès que vous saurez suffisamment votre métier de brunisseuse,... (je me charge de vous l'enseigner promptement) vous pourrez gagner aisément quarante à cinquante sous par jour, mais jusques-là, comme il vous faudra renoncer aux occupations qui jusqu'ici vous ont donné du pain. Je pourvoirai à vos besoins, grâce à Dieu, j'ai quelques économies.

— Bon père... c'est vous priver.

— Je ne me prive pas, et s'il le fallait, je me priverais plutôt que de vous voir toucher pour vos besoins personnels à un sou de cette somme dont vous faites un généreux usage.

— Je vous comprends..., je vous suis doublement reconnaissante.

— Votre intelligence aidant, vous serez bientôt en état de suffire à vos besoins, votre salaire sera minime, mais enfin...

— Que dites-vous? il me suffira... et j'espère..., oh le beau jour que celui-là..., j'espère bien pouvoir, à force d'économies, faire bientôt un petit présent à Michel, une jolie cravate, un gilet, la moindre des choses, mais qu'il la tienne de moi !

— Digne femme ! les sentiments les plus purs, les plus délicats, vous sont maintenant familiers, tandis que autrefois... mon Dieu ! quel contraste !

— Je vous l'ai dit, je n'étais pas mère... et je le suis devenue, — reprit Catherine, en baisant la main du vieillard.

— A dimanche, Catherine, — dit le vieil artisan, — le jour baisse, mademoiselle Prudence peut avoir besoin de vous... — puis, réfléchissant, — Ah! les événements sont parfois bizarres!.. Penser que le frère de mademoiselle Prudence était votre père... que vous êtes aussi bien sa nièce à elle, que mademoiselle Marianne et madame de Villetaneuse! De cette parenté ignorée de la famille Jouffroy, du moins je ne rougis plus pour elle à cette heure, puisque vous êtes réhabilitée. Adieu, Catherine, adieu! Je vous quitte le cœur content.

— Bon père, — dit la courtisanne, — souffrez que je vous donne le bras jusqu'au pallier du quatrième étage; l'escalier qui conduit ici est très rapide et très sombre.

— Allons, j'y consens, car ma vue n'est plus très bonne, — répondit le vieillard.

Et, s'appuyant sur le bras de Catherine, il descendit l'espèce d'échelle qui, sans autre rampe qu'une corde à puits, conduisait aux mansardes.

Catherine, par surcroît de précaution, voulut encore offrir l'aide de son bras au père Laurencin et l'accompagner jusqu'au troisième étage, l'escalier devenant à cet endroit, moins rapide et plus éclairé; le vieil artisan accepta cette nouvelle preuve de prévenance; puis Catherine remonta chez elle. Au moment où elle arrivait au pallier du quatrième étage, elle se rencontra avec un homme dans la maturité de l'âge; il sortait de l'appartement de ce vieux rentier, nommé Corbin, qui recevait par fois, disait-on : des gens de mauvaise mine. Ce signalement pouvait s'appliquer au personnage avec lequel Catherine se trouvait face à face: sa figure sinistre et flétrie, ses vêtements râpés, ses bottes éculées, son chapeau rougeâtre, graisseux, donnaient à sa misère une apparence plus repoussante qu'intéressante. Cet homme, en passant près de Catherine, la regarda fixement, puis au moment de quitter le pallier, il se retourna pour la regarder encore, mais haussant les épaules en paraissant se reprocher une pensée absurde, il descendit l'escalier, tandis que la courtisanne atterée se disait :

— Grand Dieu, c'est Mauléon ! je l'ai autrefois abandonné sans pitié après l'avoir ruiné !... Il sort de chez cet homme, le seul locataire de la maison dont la vie soit suspecte... ah !... je me sens presque défaillir ! Mauléon pouvait me reconnaître !

Et pâle, chancelante, elle fut obligée de s'appuyer à la rampe, se sentant à ce moment incapable de faire un pas.

— Mauléon me hait à la mort... — ajouta Catherine. — Cette misère abjecte où il est sans doute tombé... J'en ai été la cause, quels souvenirs ! oh ! le père Laurencin a raison, fatal passé, fatal passé !

La courtisanne fut soudain tirée de ces tristes réflexions par le bruit d'un grand tumulte ; elle entendit les pas précipités de plusieurs personnes qui criaient en montant l'escalier :

— Arrêtez ! arrêtez !...

XII

Catherine, effrayée de ces cris, se pencha vivement en dehors de la rampe, et vit, pendant un moment, à deux étages au-dessous d'elle, Mauléon, livide de terreur, cherchant à devancer plusieurs agents de police, qui l'atteignirent bientôt, et auxquels il essaya de résister. Catherine, ne pouvant plus rien apercevoir de l'endroit où elle se tenait alors, entendit le bruit d'une lutte acharnée, entrecoupée de jurements, de menaces de mort; puis, une sorte de silence se fit, et Mauléon reprit d'une voix essoufflée :

— Allons, je me rends; pas de brutalité. De quel droit m'arrêtez-vous ?

— J'ai un mandat d'amener contre vous, —répondit un officier de paix qui rejoignit ses agents, sur le pallier du troisième étage, où cette scène se passait. — Vous vous appelez Mauléon ?

— Non.

— Vous niez ? soit ; votre identité sera constatée.

— De quoi m'accuse-t-on ?

— D'une tentative de vol, commis la nuit et avec effraction, chez M. Sauval, orfèvre, demeurant dans cette maison.

— C'est faux !

— Bien entendu ; vous niez votre nom, vous niez naturellement l'acte qu'on vous impute : tout s'éclaircira.

— Encore une fois, je ne m'appelle pas Mauléon ; je n'ai commis aucune tentative de vol ; vous me prenez pour un autre.

— Nous savons qui vous êtes, vous allez d'abord nous suivre là-haut.

— Où, là-haut ?

— Chez un certain M. Corbin, que l'on soupçonne d'être votre complice.

— Je ne connais pas l'homme dont vous parlez.

— Vous ne le connaissez pas ?
— Non.
— Vous descendez de chez lui.
— Vous vous trompez.
— Le portier, à qui vous avez demandé si M. Corbin était rentré, vous a répondu affirmativement, et vous êtes monté.

— Le portier rêve.

— Il est au contraire fort éveillé. Vous allez donc nous accompagner chez le nommé Corbin, afin d'être confronté avec lui.

— C'est parfaitement inutile ; je vous le répète, je ne le connais pas.

— C'est ce dont nous allons nous assurer ; allons, marchons.

— C'est inutile.

— Marcherez-vous, à la fin.

— Mille tonnerres ! ne me touchez pas !

— Alors, montez avec nous... et filez doux... nous sommes en nombre.

Catherine, clouée d'abord à sa place par l'épouvante, avait écouté ce dialogue... elle entendit que l'on montait vers l'étage où elle se trouvait... la terreur lui donna des forces, elle s'élança, regagna sa mansarde avec une rapidité vertigineuse, puis, verrouillant sa porte, elle tomba presque évanouie sur son lit, en s'écriant avec horreur :

— Oh ! j'en frissonne encore, cette arrestation pouvait avoir lieu dans la cour... mon fils pouvait se trouver là... ainsi que moi... et Mauléon me reconnaissant... car tout à l'heure, il m'a regardée par deux fois... Mauléon pouvait me dire : — « Ca« therine de Morlac ! tu m'as ruiné ! la « misère m'a conduit au vol... voilà ton « ouvrage, infâme courtisanne ! » — Oui, cet homme pouvait m'adresser ces terribles paroles devant mon fils... mon Dieu ! ayez pitié de moi... oh ! fatal passé !.. fatal passé !...

XIII

Peu de temps après que la comtesse de Villetaneuse se fût rendue chez la tante Prudence, afin de lui demander ses conseils, les tapissiers, les fleuristes, envahirent le rez-de-chaussée de l'hôtel de Villetaneuse, pour s'occuper des préparatifs de la fête, qui avait lieu le soir même, les murailles du vestibule disparaissaient sous d'immenses glaces où devaient se réfléchir, à l'infini, les arbustes et les lumières de cette salle d'entrée ; les jardiniers changeaient en buissons de fleurs les encognures des salons et les baies des fenêtres, tandis que d'autres ouvriers achevaient la décoration d'une galerie de charpente improvisée dans le jardin de l'hôtel; cette galerie devait à la fois servir de salle de bal et relier entr'elles les diverses pièces du rez-de-chaussée.

Müller, *valet de chambre-Mercure* de S.-A.-S. le prince Charles Maximilien, était, depuis le brusque départ de cette altesse, resté au service du comte de Villetaneuse, et bientôt devenu son homme de confiance, grâce à sa finesse insinuante; de plus, il avait cru devoir, dans l'intérêt des honnêtes projets du prince, conquérir les bonnes grâces de mademoiselle Clara, femme de chambre de la comtesse.

Müller et Clara disposaient en ce moment des tables de jeu dans un salon du premier étage, exclusivement réservé aux joueurs de baccarat et de lansquenet.

Mademoiselle Clara, brune très piquante, fort accorte, quoique déjà sur le retour, élégamment vêtue, en femme de chambre de bonne maison, disait à Müller, continuant ainsi un entretien commencé :

— De sorte que Son Altesse quitta subitement Paris, sans revoir madame la comtesse?

— Oui, et Monseigneur me laissa la mission toute confidentielle, dans le cas où je pourrais me faire agréer parmi les gens de cette maison, de le tenir pour ainsi dire presque jour par jour au courant des variations du baromètre...

— Que viens-tu me chanter avec ton baromètre?

— Ma chère, il s'agit ici, du baromètre de l'amour de monsieur pour madame et de l'amour de madame pour monsieur... Or, en fille d'esprit, tu comprendras qu'ordinairement ce baromètre-là... après avoir marqué le beau fixe durant la lune de miel... descend souvent...

— A variable.

— Puis à l'orage... à la tempête, et entre nous, je crois... Je suis même certain que ce baromètre est en ce moment... à la tempête...

— A la tempête?... du côté de madame la comtesse ou de M. le comte?

— Oh! M. le comte, lui, est invariablement au beau fixe; il est toujours d'une sérénité magnifique, rien ne l'émeut... Il a perdu avant-hier soir quatre mille cinq cent soixante louis au lansquenet, il a fredonné une ariette en se déshabillant, et le lendemain lorsque à dix heures j'ai ouvert les volets de sa chambre, M. le comte ronflait comme un bienheureux. Son premier mot en s'éveillant, a été de me dire : « Müller, vous irez ce matin toucher cent « mille francs chez mon banquier... puis « vous porterez de ma part, avant midi, « quatre mille cinq cent soixante louis à « ce cher lord Mulgrave... » Il n'en a été que cela. M. le comte est le plus beau joueur que j'aie vu de ma vie.

— Avec cette belle qualité-là, sans compter les autres... la dot de madame, doit être fièrement écornée.

— Parbleu !.. j'ai dû tenir Son Altesse au courant des variations de cet autre baromètre... qui baisse aussi à vue d'œil.

— Soit... mais dans quel but monseigneur tient-il à être fidèlement instruit par toi, de ce qui se passe ici, puisqu'il est retourné en Allemagne ?

— Dis-moi, Clara, es-tu ambitieuse ?

— Comment ?

— As-tu un rêve, un désir favori ?

— Un très grand.

— Lequel ?

— L'âge vient, je m'ennuie de servir, d'être toujours au coup de sonnette d'une maîtresse ; mon rêve serait de tenir une table d'hôte dans le grand genre, j'y recevrais des hommes de plaisir et des femmes... enfin des femmes aimables.

— J'entends.

— Je donnerais à jouer après dîner... Il y a une fortune à faire en peu d'années. J'ai bien quelques économies... mais les premiers fonds d'un pareil établissement sont considérables.

— Hé bien ! ma chère, tu peux avoir les fonds nécessaires à l'établissement de ta table d'hôte, car monseigneur est reconnaissant et magnifique.

— Explique-toi donc plus clairement.

— En deux mots, voici la chose : il est temps de te parler à cœur ouvert, les évènements vont singulièrement se précipiter. Je t'ai priée, depuis ton entrée ici (prière soit dit sans reproche accompagnée d'assez jolis cadeaux) de parler souvent, très souvent, à ta maîtresse des excellentes, des héroïques, des admirables qualités de Son Altesse...

— Je n'y ai point manqué, ajoutant toujours, d'après tes instructions, que j'étais ainsi renseignée sur monseigneur, grâce à l'un de mes cousins actuellement au service du prince.

— C'est à merveille... je te parlais de ceci seulement pour mémoire.

— Entre nous, je ne comprends rien à ce que tu me fais faire, car enfin si le prince était à Paris, je me dirais, il est amoureux de madame... et... en lui disant continuellement du bien de monseigneur, je la prépare à un aveu, mais Son Altesse est au fond de l'Allemagne.

— L'on assure même qu'il va partir pour Constantinople...

— Le prince ?

— Oui.

— Alors je renonce absolument à comprendre.. mais, j'y songe, à propos de choses incompréhensibles... et ce petit appartement ?

— Quel appartement ?

— Ce rez-de-chaussée dont la porte se trouve en face de celle du jardin de l'hôtel ?

— Hé bien.. tu l'as fait louer par ta belle-sœur, et meubler confortablement, ce rez-de-chaussée ?

— Oui, parce que ni moi, ni toi ne devions paraître dans cette affaire, m'as-tu dit.

— Sans doute.

— Mais à quoi bon ce petit appartement ?

— Tu le sauras plus tard. Contente-toi de toujours exécuter mes instructions avec intelligence, exactitude... et l'établissement de ta table d'hôte est assuré.

— Alors apprends-moi ce que tu attends encore de mon zèle ?

— Ce matin, madame la comtesse a reçu par la poste une lettre... écrite sur gros papier, et dont l'enveloppe était cachetée de vert ?

— D'où sais-tu... ?

— Peu importe... dis-moi quel a été l'effet de cette lettre sur madame ?

— Affreux ! Elle est devenue tremblante comme la feuille, pâle comme une morte.. et puis après avoir pleuré...

— Elle a pleuré ?.. beaucoup pleuré ?

— Comme une Madeleine !

— Très bien ! — dit Müller en se frottant les mains, — continue.

— Madame a voulu sortir tout de suite, sans attendre que l'on ait attelé ses chevaux et sans même me donner le temps de la lacer, elle a pris à la hâte un mantelet et un chapeau, m'a envoyé dire au concierge de faire avancer un fiacre, où elle est montée toute éperdue...

— De mieux en mieux ! Du reste je prévoyais la chose... Maintenant, ma chère Clara, tu vas savoir ce que j'attends de toi... et songe à ta table d'hôte... Il faut que... tout à l'heure...

L'entretien des deux dignes serviteurs fut interrompu par un autre domestique qui vint dire au valet de chambre :

— Monsieur Müller ; je sors pour aller chez le glacier ; voulez-vous qu'en même temps j'aille à la caserne des pompiers pour y demander les cinq hommes de service que M. le comte désire avoir à l'hôtel à cause de la galerie de bois bâtie dans le jardin ?... Je ferais la commission.

— Pas du tout, — reprit vivement Müller, — ce soin me regarde... j'irai moi-même tout à l'heure à la caserne des pompiers.

— Diable ! ne l'oubliez pas au moins, monsieur Müller, cette galerie est bâtie en planches de sapin, couverte en toile goudronnée, tapissée d'étoffes, tout ça brûlerait comme des allumettes si un malheur arrivait et...

— Faites-moi le plaisir de vous mêler de ce qui vous regarde, et d'aller faire vos commissions, je me charge des pompiers.

— A la bonne heure monsieur Müller, moi je vous disais cela parce que je...

— C'est bien, c'est bien. Laissez-nous tranquille !

Le domestique sorti, Müller reprit, s'adressant à Clara :

— Écoute-moi attentivement, madame la comtesse ne peut guère tarder à rentrer.

— Je crois même que la voici ! — dit la

femme de chambre, en ce moment placée près de l'une des fenêtres du salon, puis prêtant l'oreille au roulement d'un fiacre entrant dans la cour de l'hôtel, et regardant à travers les vitres, Clara reprit : — Je ne m'étais pas trompée, c'est madame. Je vais à sa rencontre.

— Viens vîte au contraire dans ma chambre, je t'apprendrai en peu de mots ce qu'il faut que tu fasses !

— Mais madame, en rentrant chez elle, va me sonner ?

— Tu la laisseras sonner, viens, viens!...

Müller et Clara sortirent précipitamment du salon.

XIV

Aurélie de Villetaneuse, de retour chez elle depuis quelques moments, avait jeté loin d'elle son manteau, son chapeau, et se promenait avec agitation dans sa chambre à coucher, garnie de meubles de bois de rose, rehaussés de médaillons de porcelaine de sèvres, et tendue de damas bleu tendre, semé de gros bouquets de roses; la magnifique coupe d'or émaillée, l'un des chefs-d'œuvre de Fortuné Sauval, et cadeau du prince Charles Maximilien, placée sur une étagère, attirait les yeux par son inimitable perfection.

La jeune comtesse allait et venait dans

sa chambre, se disant d'une voix entrecoupée :

— Madame Bayeul! cette effrontée! sans grâce, sans beauté, sans naissance !!! madame Bayeul! c'est à cette créature que mon mari m'a sacrifiée, mon Dieu! C'est à devenir folle!... et je suivrais les conseils de ma tante! Je me résignerais... Je fermerais les yeux!.. ah! je serais par trop stupide aussi, non! et je veux à l'instant...

Aurélie agita brusquement un cordon de sonnette, s'écriant avec impatience ;

— Où est donc cette Clara! voilà trois fois que je la sonne. Elle est insupportable!

Puis, continuant de marcher avec agitation.

— Me préférer madame Bayeul! cette petite rousse, qui a l'air d'une fille entretenue !!! Je suis pourtant plus belle que cette femme, moi! — ajouta Aurélie en s'arrêtant devant une psyché, en face de laquelle elle se trouvait alors.

Et par un mouvement de jalouse colère, la comtesse rompit la ceinture de sa robe qui, ainsi brusquement ouverte, mit à nus ses épaules et la naissance de son sein, dégagea son cou si noble, si pur, où s'attachait sa tête charmante ; alors se mirant dans sa merveilleuse beauté avec une fierté courroucée la jeune femme s'écria :

— Je suis donc la sacrifiée, la dédaignée, la méprisée !.. moi ! Est-ce assez d'humiliation, assez de honte !

Puis, les larmes succédant à sa colère.

— Et j'ai tant aimé mon mari ! j'ai préféré la mort à la rupture de notre mariage, mon Dieu ! J'ignorais encore les vraies tortures de la jalousie! Cette lettre m'avait bouleversée, pourtant je pouvais encore douter de cette odieuse réalité. J'ignorais quelle était ma rivale, mais à cette heure, je le sais... oh... je le sais ! Une madame Bayeul ! je souffrirais cela ! Je ne me vengerais pas ! Oh si ! je me vengerai ! non en me déshonorant, mais la coquetterie a des armes terribles ! Il suffit des apparences pour frapper atrocement un homme dans son orgueil, ah ! dès ce soir, M. de Villetaneuse, vous aussi, vous connaîtrez l'enfer de la jalousie ! Tout à l'heure, en rentrant au milieu des préparatifs du cette fête, je la maudissais ; bénie soit-elle, au contraire. Elle servira ma vengeance ! oui, du moins je pourrai...

Et s'interrompant avec un sanglot étouffé :

— Mais non, non ! je ne pourrai pas... j'ai la tête perdue, je suis brisée.. je serai laide.. je suis pâle, j'ai les yeux rouges .. j'ai tant pleuré ! Ah ! heureusement cette indigne madame Bayeul ne vient pas chez moi.. Elle serait belle de son bonheur ; belle de son triomphe.. Elle m'écraserait ; non, non, ce soir, toutes les femmes m'effaceraient, leur envie devinerait mes souffrances ! Je ne paraîtrai pas à cette fête... je dirai que je suis malade. J'irai passer ma soirée près de mon pauvre bon père ; ma mère fera les honneurs du salon.

Après un moment de silence, Aurélie reprit avec une désolante amertume :

— Ah ! ma mère ! ma mère ! votre tendresse aveugle m'a perdue ! Je n'étais pas vaniteuse ! je le suis devenue... Vous me répétiez sans cesse que belle comme je l'étais, je devais être duchesse ou princesse ! La tête m'a tourné ! Je suis comtesse, je suis riche, j'ai dix-neuf ans, je suis belle...

Elle s'interrompit encore, et se redressant fière, superbe, résolue...

— Quoi! je suis comtesse, j'ai dix-neuf ans, je suis belle et je pleure !.. Ah! j'ai honte de ma lâcheté! Je la vaincrai... Oui, ce soir je veux être belle.. je le serai.. oui, belle à éblouir.. Tremblez, M. de Villetaneuse!

Aurélie sonna de nouveau sa femme de chambre, afin de lui donner ses ordres pour sa toilette de bal, presque aussitôt Clara entra chez sa maîtresse.

XIV

La jeune comtesse, à la vue de sa femme de chambre, domina son émotion et dit à Clara :

— Où étiez-vous donc? mademoiselle, voilà plusieurs fois que j'ai sonné.

— Je demande mille pardons à madame la comtesse, mais j'ignorais qu'elle fût rentrée, j'étais dans la lingerie...

— Vous allez me peigner et me coiffer ; préparez ce qu'il faut dans ma chambre de toilette.

Quelques moments après, Aurélie, vêtue d'un peignoir brodé, assise dans un fauteuil, devant une toilette à la duchesse, garnie de dentelles et de flots de rubans roses, livrait sa magnifique chevelure châtaine, à reflets dorés, aux soins de mademoiselle Clara, qui pensait à part soi :

— N'oublions aucune des recommandations de Müller, il y va de l'établissement de ma table d'hôte... le difficile est d'amener adroitement l'entretien... enfin, essayons...

Elle reprit tout haut, en passant le démêloir d'écaille dans l'écheveau soyeux qu'elle tenait entre ses mains, et qui, sans ce soutien, fût tombé jusqu'à terre :

— Je ne crois pas qu'il y ait au monde une chevelure aussi longue, aussi belle que celle de madame la comtesse...

Aurélie ne répondit rien à cette flatterie de sa femme de chambre, mais, évoquant le passé, avec une mélancolie navrante, elle se disait :

— Oh! ma petite Marianne! sœur chérie! où est-il cet heureux temps, où tu te plaisais à me coiffer pour le bal... J'étais toujours heureuse et souriante alors... confiante dans l'avenir, que je rêvais si beau!... hélas! combien je prévoyais peu les chagrins que j'endure aujourd'hui.

Mademoiselle Clara poursuivit :

— Il y a cependant une personne dont les cheveux, quoique d'une autre couleur que ceux de madame la comtesse, sont, dit-on, presque aussi beaux que les siens... ce sont ceux de madame la grande duchesse de Holzern, sœur de son Altesse le prince Maximilien.

— Ah ! — dit Aurélie, saisissant cette occasion de se distraire de ses noires pensées, — le prince a une sœur ?

— Oui, madame, et l'on cite, à propos d'elle, un trait de son Altesse, qui prouve son dévouement fraternel.

— Cela ne m'étonne pas, si j'en juge d'après tout le bien que je vous entends dire journellement du prince... Quel est ce trait ?

— La grande duchesse se trouvait alors dans ses états, à environ cinquante lieues du palais du prince ; il apprend qu'elle est malade, c'était l'hiver... par un temps affreux, son Altesse craignant de ne pas arriver assez vite en voiture, fait venir deux chevaux de poste, et suivi d'un seul aide-de-camp, il fait ainsi, de relais en relais, cinquante lieues à cheval en quinze heures, malgré la neige; il arrive, et pendant plus d'un mois, son Altesse ne quittant pas le chevet du lit de sa sœur, l'a veillée jour et nuit...

— Ce trait est touchant, il fait honneur au cœur du prince, — dit Aurélie en soupirant : — Les hommes capables d'un pareil dévouement sont rares... le prince est une noble exception ! Heureux le peuple qu'il gouvernera un jour !

— Si madame la comtesse savait combien Monseigneur est aimé ! Que dis-je, adoré, idolâtré, béni de tous ceux qui l'entourent ! Ce n'est pas seulement de sa générosité qu'ils se louent, mais de sa bonté. Madame croirait-elle que mon cousin... il est, je l'ai dit à madame, au service de son Altesse..., s'étant trouvé un jour gravement malade, a vu monseigneur entrer dans sa chambre pour venir s'informer lui-même de ses nouvelles ? et mon cousin n'est pourtant qu'un pauvre domestique !

— Je trouve ce trait non moins touchant que celui que vous venez de me citer.

— Que dirai-je à madame, mon cousin

ne m'écrit pas une seule fois sans me raconter quelque chose à l'avantage de son Altesse : Ce sont de pauvres familles secourues avec une délicatesse qui double le prix du bienfait, ou bien des actes de courage admirable. Est-ce que j'ai raconté à madame l'histoire du chien enragé ?

— Non.

— Ah ! madame, c'est effrayant... Le prince revenait à cheval de la chasse, il avait perdu sa suite; il entend des cris de terreur en approchant d'un hameau, et voit une femme et deux enfants fuyant un énorme chien furieux ; son Altesse saute à bas de son cheval et à coups de couteau de chasse, attaque et tue le chien enragé...

— C'est d'un noble courage !

— Aussi les habitants des domaines du prince regardent-ils son départ comme une calamité lorsqu'il va en voyage ; aussi en ce moment, sont-ils dans la désolation de la désolation !

— Pourquoi cela ? mademoiselle.

— Ce matin j'ai reçu de mon cousin une lettre, j'avouerai à madame que c'est la lecture de cette lettre qui me retenait tout à l'heure dans la lingerie et qui m'aura empêchée d'entendre la sonnette, — répondit Clara, continuant de s'occuper de la coiffure de sa maîtresse, et elle ajouta : — Madame la comtesse veut-elle que je tresse ses cheveux en deux nattes ou en une seule ?

— En une seule.

— Je disais donc à madame, que j'ai reçu de mon cousin une lettre dans laquelle il m'apprend que le prince va partir pour Constantinople. Aussi, tous les habitants des domaines de son Altesse sont dans l'affliction.

— Je le comprends, le prince entreprend un bien long voyage.

— Il paraît que son Altesse cherche ainsi à se distraire et à s'étourdir.

— A s'étourdir... sur quoi?

— Le prince est, depuis environ un an, miné par un secret et profond chagrin... Mon cousin m'écrit que monseigneur, avant de se déterminer à ce voyage, passait des jours entiers tout seul, dans un pavillon situé au milieu des bois à une lieue du palais, son Altesse ne voulait absolument voir personne de sa cour.

— Et sait-on, mademoiselle, quelle est la cause de ce profond chagrin ?

— On l'ignore, — répondit Clara et elle reprit : — la tresse de madame la comtesse est nattée... veut-elle que je m'occupe maintenant de ses bandeaux ?

— Oui, faites.

— Je disais donc à madame, que l'on ignorait la cause du profond chagrin de son Altesse ; les domestiques vivant toujours auprès de leurs maîtres, savent naturellement bien des choses que le monde ne peut savoir ; cependant, mon cousin, malgré son dévouement pour monseigneur, n'a pu deviner la cause de cette peine secrète, il m'écrit que le prince est presque méconnaissable tant il a pâli et maigri. Enfin, avant son dernier voyage à Paris, il avait une liaison... Madame la comtesse comprend...

— Parfaitement.

— Le prince avait donc une liaison avec le plus jolie femme de sa cour, cette liaison a été rompue lorsque son Altesse est revenue de Paris, et depuis monseigneur, ainsi que je le disais à madame la comtesse, a toujours vécu au fond d'une profonde retraite, jusqu'au jour où il s'est décidé à partir pour Constantinople... sans doute dans l'espoir de se distraire, de s'étourdir.

— Pauvre prince ! — se disait Aurélie pensive, — un cœur si noble, si généreux ! Ah ! ceux-là plus que les autres sont exposés à souffrir !

— Madame veut-elle que je m'occupe de son autre bandeau ?

— Oui...

— Mon Dieu, j'y songe, — reprit soudain mademoiselle Clara, semblant frappée d'une idée subite, — madame la comtesse serait peut-être curieuse de voir l'écriture de son Altesse ?

— Comment cela ?

— Je l'avoue à madame, je suis si reconnaissante des bontés du prince à l'égard de mon cousin, que j'ai pour son Altesse une sorte d'idolâtrie... et... mais je n'ose achever... madame la comtesse va se moquer de moi...

— Continuez... mademoiselle, continuez.

— J'avais dit à mon cousin que s'il pouvait m'envoyer, ne fût-ce qu'un mot, une adresse de lettre, écrite par son Altesse... je garderais cela comme une relique... Or, le bonheur a voulu... que mon parent ait justement trouvé dans la cheminée du cabinet de Son Altesse, un papier écrit de sa main, et à demi-brûlé, un morceau d'une lettre sans doute déchirée puis jetée au feu... Mon cousin a cru pouvoir, sans indélicatesse, ramasser dans la cheminée ce chiffon de papier et me l'envoyer dans sa lettre de ce matin, madame la comtesse doit juger de ma joie... Je possède enfin ma précieuse relique ! quelques mots de la main de monseigneur ! J'ignore ce qu'ils contiennent, car madame m'ayant sonné, j'ai à peine eu le temps de lire la lettre de mon parent qui m'annonce cet envoi ; mais si madame est curieuse de voir l'écriture de son Altesse, — ajouta mademoiselle Clara en fouillant à sa poche et tirant d'une enveloppe un petit morceau de papier soigneusement plié elle le déposa sur la toilette, — madame pourra satisfaire sa curiosité... — Puis la fine mouche sans plus parler du papier qu'Aurélie n'avait ni accepté ni refusé : — Madame la comtesse est coiffée, veut-elle me dire quelle robe elle mettra ce soir afin que je prépare sa toilette ?

— Je n'en sais rien encore... j'y vais songer, je vous sonnerai tout à l'heure.

Mademoiselle Clara sortit de la chambre se disant :

— Ma foi, je crois n'avoir pas été trop sotte. Müller sera content, et l'établissement de ma table d'hôte est, je l'espère, en bon train.

XV

Madame de Villetaneuse, en écoutant le babil de sa femme de chambre, et certaines circonstances rapportées par elle, était devenue de plus en plus rêveuse. Elle prit machinalement le papier laissé par Clara sur la toilette et le déplia, cédant à un vague sentiment de curiosité. Ce papier lacéré, froissé, irrégulièrement brûlé sur ses bords avait dû faire partie d'une lettre ; il contenait quelques lignes d'une écriture fine, serrée, qu'Aurélie reconnut facilement pour être celle du prince Charles Maximilien, en la comparant, de souvenir, à celle de la lettre d'envoi de la coupe émaillée ; ces lignes étaient tronquées par la lacération et la brûlure du papier, cependant Aurélie put lire, et mentalement compléter les phrases suivantes : le commencement de la lettre se trouvait, sans doute, sur l'un des fragments détruits par le feu.

..... Aussi, j'ai voulu quitter Paris, le lendemain de son mariage, dont j'avais été l'heureux et le malheureux témoin..... l'absence loin de calmer mon amour...

et je pars, ne comptant plus...

de ce long voyage en Orient...

Oh ! ma sœur, si tu la...

cette folle passion qui...

avec ma vie...

Enfin cette coupe...

quelques fois mon souvenir....

Aurélie pouvant à peine en croire ses yeux, lut et relut plusieurs fois ce fragment de lettre qui semblait avoir été adressé par le prince Maximilien à sa sœur, puis courut à un meuble où elle conservait le billet d'envoi de la coupe, le prit, et compara les deux écritures... elles étaient absolument semblables.

La comtesse ne pouvait soupçonner le complot infernal qui se tramait autour d'elle; mademoiselle Clara lui ayant (d'après les instructions de Müller) expliqué d'une manière parfaitement vraisemblable comment elle se trouvait en possession de ces quelques lignes de la main du prince, sans avoir, disait-elle, eu le temps d'y jeter les yeux.

— Il m'aime !! — se disait madame de Villetaneuse, relisant encore ce fragment de lettre, et suppléant facilement aux mots lacérés. — Le prince a voulu quitter Paris le lendemain de mon mariage, dont il avait été l'heureux et le malheureux témoin ! il voulait échapper à cet amour... et l'absence, loin de le calmer... l'a encore augmenté ! il compte sur les distractions de ce voyage d'Orient pour s'étourdir ; il dit à sa sœur, que si elle me connaissait, elle comprendrait cette folle passion qui ne finira qu'avec sa vie ! il espère que la coupe dont il m'a fait présent, me rappellera quelquefois son souvenir... C'est de moi... oui, c'est bien de moi qu'il s'agit... le prince m'aime toujours !! il part pour l'Orient, afin de se distraire de cet amour sans espoir... Mon Dieu! je ne sais si je rêve, ou si je veille... Il m'aime ! Etait-ce donc un vague pressentiment de cet amour, le doux plaisir que j'éprouvais à entendre Clara me parler chaque jour du prince ? je me plaisais à me rappeler ses traits, son accent, le peu de paroles qu'il m'a dites autrefois ; je sentais germer dans mon cœur, une sympathie, une admiration profonde pour cet homme à la fois si délicat et si chevaleresque, si charmant et si bon, que je le regardais comme un être idéal! comme un héros de roman! Oh! souvent durant ces heures de solitude que me faisait la continuelle absence de mon mari, je me suis dit, sans jamais penser, mon Dieu, que Charles Maximilien m'eût seulement remarquée : « Combien la femme qu'il aime doit être « fière et heureuse !.. » Et c'est moi, c'est moi qu'il aime ? Il part! oh! béni soit ce voyage! Jamais je ne reverrai le prince, je pourrai l'aimer sans honte, sans remords! telle sera ma secrète et chère vengeance des mépris de mon mari! Ah! cet amour sans avenir, je le sais, sera du moins ma consolation, mon soutien ; il me donnera conscience de moi-même;

il me relèvera à mes propres yeux, il me prouvera que je vaux bien une madame Bayeul... Il est prince! il est frère d'un souverain! il est jeune encore! il est beau! il a rompu avec une charmante maîtresse, il a fui sa cour pour vivre de mon souvenir dans une profonde solitude... et c'est à peine s'il ose compter sur les distractions d'un long voyage, pour l'étourdir sur cette passion qui ne finira qu'avec la vie! Oui, voilà comme je suis aimée d'un prince qui doit régner un jour, tandis que je suis délaissée, méprisée par M. de Villetaneuse! je suis sacrifiée à qui... à une effrontée créature sans beauté, sans esprit, et l'homme qui me délaisse, ne m'a peut-être épousée que pour ma dot... Oh! cet amour me venge! Je ne serai pas ingrate! non, non, et pour me souvenir de vous, monseigneur, je n'aurai pas besoin de regarder cette coupe!

La jeune femme contemplant cet objet d'art avec un sourire mélancolique, ajouta:

— Cher trésor! maintenant doublement précieux pour moi! Divin chef-d'œuvre de mon ami d'enfance! souvent dans l'isolement où me laissait l'homme qui aujourd'hui m'outrage, me dédaigne, j'éprouvais une vague appréhension des tourments dont je souffre à cette heure, et je te disais : « Si je dois être mal-« heureuse un jour, ton aspect me donnera « le courage de la résignation. Je me rap-« pellerai qu'il n'a tenu qu'à moi d'épou-« ser l'artiste illustre dont tu es le chef-« d'œuvre, j'aurais été la plus heureuse « des femmes, j'ai refusé sa main, je n'ai « pas le droit de me plaindre... » Oui, je te parlais ainsi, cher trésor, et maintenant je te dirai : Tu éveilleras toujours en moi le souvenir de mon ami d'enfance... mais tu seras aussi à mes yeux le gage d'un amour dont je suis fière, dont je n'ai pas à rougir... N'est-il pas le noble fruit de l'admiration qui depuis longtemps germait dans mon cœur? Oh! je m'abandonnerai sans réserve, sans crainte, et avec délices à cet amour ; car je ne dois jamais revoir celui qui l'inspire... Oh *prince charmant!* c'est le nom mérité que dès ce jour je vous donne, vous êtes venu comme le bon génie du conte de fée, changer mes larmes en joie, mon désespoir en espérance, mes feuilles sèches en perles et en diamants, les ronces de mon chemin en bouquets de fleurs. Prince charmant, vous serez mon bon génie!

Cette amoureuse invocation d'Aurélie au *prince charmant* fut interrompue par mademoiselle Clara qui entra et dit:

— Monsieur le comte fait demander à madame la comtesse si elle peut le recevoir?

— Tout à l'heure, — répondit en soupirant la jeune femme, soudain rappelée à la réalité, — puis, après un moment de silence, et s'adressant à sa femme de chambre, non sans un certain embarras:

— Mademoiselle, vous n'avez pas lu... m'avez-vous dit, ce fragment de lettre du prince?

— Non, madame la comtesse.

— Tenez-vous beaucoup... à ce chiffon de papier?

— Oh! beaucoup; c'est pour moi une véritable relique... Je l'ai dit à Madame.

— S'il en est ainsi, je ne peux guère espérer que vous m'abandonniez cette précieuse relique.

— Madame...

— Une de mes amies rassemble une collection d'autographes des personnes les plus considérables de notre époque, ces quelques lignes de la main du prince eussent très bien figuré dans cette collection.

— Madame la comtesse doit penser que je n'ai rien à lui refuser, et dès qu'elle désire garder cet écrit, je...

— Merci, Clara, merci... je saurai récompenser votre bonne grâce à m'être agréable. Priez M. de Villetaneuse de m'attendre dans mon boudoir.

— Oui, madame la comtesse, — répondit Clara, en sortant; et elle se dit :

— Ma maîtresse veut conserver ces lignes amoureuses... décidément, j'aurai ma table d'hôte !

FIN DU DEUXIÈME VOLUME.

Sceaux, imp. de E. Dépée.

A LA MÊME LIBRAIRIE :

UN DRAME EN FAMILLE
PAR LE MARQUIS DE FOUDRAS.
3 vol. in-18. — 10 francs 50.

LE BARON LA GAZETTE
PAR A. DE GONDRECOURT.
3 vol. in-18. — 10 francs 50.

UN CAPRICE DE GRANDE DAME
PAR LE MARQUIS DE FOUDRAS.
Nouvelle édition revue et augmentée.
3 volumes in-18. — Prix : 10 francs 50 c.

SUZANNE D'ESTOUVILLE
PAR LE MARQUIS DE FOUDRAS. — 2 volumes in-18. — 7 francs.

MÉMOIRES D'UN MARI
PAR EUGÈNE SUE. — 3 vol. in-18 — 10 fr. 50 c.

UN GRAND COMÉDIEN
PAR LE MARQUIS DE FOUDRAS. — 2 vol. in-18 — 7 francs.

LA COMTESSE DE CHARNY
PAR ALEXANDRE DUMAS. — 15 vol. in-8.
Suite d'ANGE PITOU et complément des MÉMOIRES D'UN MÉDECIN.
(Cet ouvrage ne paraîtra pas en feuilleton.)

IMPRIMERIE DE E. DEPEE, A SCEAUX (SEINE).

www.ingramcontent.com/pod-product-compliance
Lightning Source LLC
Chambersburg PA
CBHW060607170426
43201CB00009B/930